의학사상사

차례
Contents

의학이란 무엇인가

모든 학문은 자기 학문의 성격과 영역을 규정하고 있다. 그렇지만 그 성격이 자명해 보이는 학문도 내부로 들어가 보면 그 학문의 성격과 경계에 대한 견해가 일치하지 않는 경우가 적지 않다. 의학도 그러하다. '의학이란 무엇인가'라는 질문은 '철학이란 무엇인가'라는 질문만큼 대답하기 곤란하지는 않다. 철학의 정의와 성격에 대한 대답은 철학자의 수만큼이나 많을 수 있지만 의학은 상식적인 수준에서 누구나 수긍할 수 있는 일반적인 정의의 도출이 가능하다.

그렇지만 상식적인 수준에서 의학이 무엇인가에 대한 어느 정도의 합의가 가능하다고 하더라도 좀 더 깊이 들어가 의학의 성격을 체계적으로 살펴보면 문제가 그다지 단순하지 않다. 철학에서 제기되었던 복수성의 문제가 여전히 의학에서도 제기되고 있음을 우리는 역사를 통해, 또 서양의학과 한의학이 병존하는 우리사회의 현실을 통해서도 알 수 있다. 서양의학과 한의학의 차이는 단순히 치료법이나 이론 구성방식의 차이에 국한되지 않고 의학의 성격, 보다 정확히 말하면 의학 지식의 성격에 대한 견해차이로 연결된다. 이러한 견해 차이는 단순히 실용적 측면에서의 차이가 아니라 그러한 의학을 가능하게 만든 사상적 기반의 차이임이 드러난다. 의학은 질병의 치료라는 긴급한 목표를 달성하기 위한 목적에서 생겨난 실용적 학문이지만 그것이 학문으로 체계화되는 과정에서 필연적으로 인간과 자연, 그리고 그들의 관계에 대한 깊이 있는 사상적 성찰이 필요하다.

의학 지식의 성격

고대부터 의학이 무엇이며, 어떤 성격을 가진 학문 혹은 활동인가에 대해서 많은 논의를 해왔다. 우리는 의학의 내용을 직접 다루고 있는 『히포크라테스 전집』뿐만 아니라 플라톤과 아리스토텔레스 같은 철학자들의 책에서도 의학의 성격에 관한 다양한 논의들을 찾아볼 수 있다.

고대 철학자들은 인간과 세계에 많은 관심이 있었고, 인간의 몸과, 그 몸에 나타난 질병을 다루는 의학에도 큰 관심을 가졌다. 그런 이유로 고대 그리스에서 의학과 철학은 밀접한 관계 속에서 서로 영향을 주고받으며 공존했다. 고대 그리스인들에게 앎의 문제와 삶의 문제는 하나였고, 인간 존재의 실존 조건을 다루는 의학은 그들이 추구하는 총체적 앎에서 중요한 부분을 차지했다. 따라서 우리가 철학자들의 글 속에서 의학에 관한 진지한 논의를 발견하는 것은 결코 놀랄 일이 아니다.

철학자들은 의학이나 의학 활동을 철학 모델로 삼는 경우가 많았다. 플라톤은 『고르기아스』에서 수사학과 정치학의 성격에 대해 논하면서 대표적인 '테크네'로서 의학을 제시했다. 또 『테아이테토스』에서는 산파술을 변증법의 모델로 제시했다. 또한 『소피스테스』에서는 영혼에 있는 잘못된 편견을 없애는 것을 설사약을 먹어 몸 안에 쌓인 나쁜 물질을 내보내는 것에 비유했다. 이처럼 플라톤은 의학을 철학 논의에 적극 활용했다.

의학을 철학에 혹은 철학을 의학에 비유한 것은 플라톤이 처음은 아니었다. 이미 데모크리토스는 "지혜에 대한 탐구(철학)는 의학의 자매이며 동거자이다. 철학은 정신에서 정념을 없애고 의학은 몸에서 질병을 없앤다"고 말했다.

고대 그리스에서 의학의 성격에 대해 여러 저자들이 다양한 논의를 전개했지만, 의학을 하나의 기예(technē)로 규정한 점에서는 거의 모든 저자들의 의견이 일치했다. 따라서 고대 그리스에서 '의학을 어떻게 보았는가?' 하는 물음에 대답하기 위해서는 먼저 고대 그리스인들이 말하는 기예란 무엇이며,

나아가 그들은 '의학을 어떤 성격의 기예로 보았는가?' 하는 물음에 먼저 대답해야 한다. 이 중 '기예가 무엇인가'라는 물음은 따로 논의해야 하는 큰 주제지만 여기서는 의학의 성격을 논하는 데 필요한 정도로만 간단하게 다루고자 한다.

기예에 관해서는 다양한 논의가 있지만, 논의들을 종합해 보면 다음과 같은 특성을 가진 지식으로 정의할 수 있다. 먼저 기예는 특정한 분야에 한정된 지식을 의미한다. 다시 말해, 기예란 대상을 분명하게 규정할 수 있는 영역의 지식이라는 뜻이다. 다음으로 기예는 구체적이고 분명한 목표를 가진다. 또한 기예는 일종의 생산을 위한 활동이며, 활동을 위한 합리적인 규칙을 갖고 있다. 그런 의미에서 기예는 종교적, 신적, 우연적 활동과 구별되며, 고유한 합리적 규칙을 가진 활동이다. 기예, 즉 테크네의 성격을 더 분명하게 알기 위해 테크네를 그와 대비되는 다른 종류의 지식과 비교해 살펴볼 필요가 있다.

아리스토텔레스는 앎에는 세 단계가 있다고 말했다. 먼저 가장 정상에는 '에피스테메'가 있다. 이것은 모든 실용적 목적에서 자유로운 지식으로, 앎 자체가 목적인 지식이다. 사물의 원리와 원인에 대한 지식이 여기에 속한다. 다음 단계의 지식에는 '테크네'가 있다. 이것 역시 원인에 대한 지식이지만 개별적 관찰과 경험을 종합해서 분류해 얻은 지식이다. 테크네는 이렇게 얻은 지식을 특정한 실용적 목적을 위해 사용한다는 점에서 에피스테메와 확실하게 구별된다.

아리스토텔레스는 의학을 건강을 회복하는 실용적 목적을

가진 지식으로 보았기 때문에 의학을 테크네로 분류했다. 다시 말해 에피스테메와 테크네는 모두 우연적 지식과 구별되는 합리적이고 논리적인 지식을 의미한다는 공통점이 있지만, 에피스테메가 이론적 지식을 뜻한다면 테크네는 보다 실천적인 목적을 가진 지식을 의미한다는 점에서 구별된다고 볼 수 있다.

한편 서양 고대 의학의 집대성자인 갈레노스의 이름을 빌린 『의학용어집Definitiones medicae』에는 에피스테메와 테크네 개념이 비교적 분명하게 제시되어 있다. 이 책의 정의에 따르면, 에피스테메는 "이성으로 확고하고 분명하게 파악한" 지식을 의미한다. 그에 비해 테크네는 하나의 분명한 목적을 가진 숙련된 지식들의 체계로 정의된다. 특히 의술은 건강을 회복하려는 분명한 목적이 있는 테크네이다.

그러나 의학이 늘 기술적 지식, 곧 테크네로만 분류된 것은 아니다. 플라톤은 의학을 건강에 대한 학문, 즉 에피스테메로 규정했다. 특히 의학 이론이 강조될 때는 에피스테메로, 실제가 강조될 때는 테크네로 보았다.

마지막으로 가장 아래 단계의 지식은 '엠페레이아', 즉 경험적 지식이다. 이는 전체에 통합되지 않은 개별 사실에 대한 단편 지식으로, 실용적 목적이 있다는 점에서 테크네와 혼동될 우려가 있다. 그러나 원인을 탐구하는 것이 필요하지 않다고 여긴 점에서 테크네와 구별된다. 실제로 헬레니즘 시대의 의학파인 경험론학파는 일부러 의학 지식을 테크네가 아닌 엠페레이아로 보았다. 그들은 의학을 원인에 대한 반성적인 탐구를 배제한 개별 지식으로 규정했던 것이다.

사실 의학 지식의 성격을 경험적인 것으로 볼 것인가, 아니면 이론적(혹은 사변적)인 것으로 볼 것인가 하는 질문은 의학 지식의 본질을 물어보는 것이다. 이 질문에 대해서는 시대와 문화에 따라 강조점이 다른 주장들이 제기되었다. 먼저 의학의 경험적 측면에 대해 살펴보자.

경험적 특성

의학 지식에 경험적 특성이 있다는 사실은 이미 고대부터 알려져 있었다. 원시인들은 병에 걸리거나 다쳤을 때 시행착오를 겪으면서 터득한 경험으로 문제를 해결했을 것이다. 그러나 인간의 지성이 발달하면서 지식들을 하나의 틀로 묶어 설명하려는 욕구가 생겨났다. 이것이 서양에서는 고대 그리스의 자연철학자들이 등장해 구체적인 이론으로 만드는 것으로, 동양에서는 음양오행론을 의학에 도입하는 것으로 나타났다.

먼저 서양의 자연철학자들은 다양한 자연현상을 관통하는 하나의 원리를 찾고자 했다. 탈레스는 그 원리를 물이라고 보았고, 또 어떤 철학자는 불이라고 생각했다. 그리고 엠페도클레스는 여기에 공기와 흙을 더해 네 가지 원소로 설명하고자 했다. 자연현상을 설명한 이런 틀은 질병을 자연현상으로 받아들이기 시작한 당시의 사상 흐름과 같다. 이런 분위기에서 인간의 몸에 생기는 질병도 역시 이러한 몇 가지 원리들로 설명하려고 했다.

일반 원리를 통해 인체의 생리현상과 질병을 설명하려는 시도는 경험적 지식의 차원에 머물러 있던 의학을 이론적 차원의 학문으로 끌어올리는 데 기여했다. 그런데 이러한 시도들이 성행하자 이번에는 의학 안에서 과연 자연학의 일반 원리들을 의학 문제에 일괄적으로 적용하는 것이 과연 타당한가에 대한 의문을 제기했다. 그리고 이러한 의문은 의학의 경험적 특성에 대한 자각에서 일어났다.

경험을 의학의 중심에 두는 경향은 히포크라테스 의학에서 이미 나타났다. 『히포크라테스 전집』을 대표하는 글 중 하나로 「고대 의학에 관하여」가 있다. 이는 당대에 유행하던 자연철학자들의 철학적 의학과 구별되는 의학, 다시 말해 원리와 방법을 모두 갖춘 의학의 독자성을 주장한 글로 유명하다. 그런데 이 글의 지은이가 자연철학과 구별되는 의학 고유의 방법으로 제시한 것이 바로 시행착오를 통해 올바른 방법을 발견해나가는 경험적 방법이었다. 경험은 의학을 구성하는 본질이라고 할 수 있다. 헬레니즘 시대의 경험학파가 의학의 경험적 측면을 더 체계적으로 만들었다.

경험학파는 의학의 한 학파로 기원전 3세기 무렵에 등장한 것으로 알려졌다. 경험학파가 의학 문제에 접근하는 방식은 이름에서 알 수 있듯이, 경험에 완전히 의존하는 것이다. 그들은 질병의 원인이나 인체 원리를 탐구하는 것이 필요 없다고 생각했고, 경험으로 알게 된 치료법을 찾는 데 주력했다. 경험이란 자신의 지각을 기초로 한 지식이며 "여러 차례에 걸쳐 명백한 것으로 드러나 이미 정리(theorematica)로 확립된 지식"이다. 이렇게 확실한 경험을 바탕으로 한 지식을 얻기 위해 경험학파는 다음과 같은 세 가지의 방법을 사용했다.

첫째 방법은 '아우톱시아autopsia'이다. 이것은 자신이 직접 인지하고 경험하는 방법이다. 여기에는 지각 활동으로 관찰한 내용만이 아니라 그에 대한 인식 그리고 되풀이해서 관찰하고 인식을 통해 형성된 기억까지도 모두 포함된다.

그런데 한 개인이 지각하고 인식한 경험에는 한계가 있고, 그것으로 모든 사태를 파악해서 대응할 수도 없다. 따라서 자신의 경험뿐 아니라 타인의 경험에도 의지해야 한다. 그것이 경험학파가 사용하는 둘째 방법인 '히스토리아historia', 즉 명백한 것을 경험한 타인의 진술에 의존하는 것이다. 그런데 이 경우 '타인의 진술을 얼마나 믿을 수 있는가'라는 것이 문제가 된다. 진술의 신빙성을 확보하는 기준은 일치(concordantia)이다. 즉, 어떤 문제에 대해 여러 사람들의 진술이 일치하는지의 여부를 살피는 것이다. 그러나 신빙성 있는 여러 사람의 진술을 확보했다 하더라도 타인의 경험 역시 제한적일 수밖에 없다.

우리는 자신도 타인도 경험하지 못한 새로운 사태에 얼마든지 직면할 수 있다. 이럴 때 사용하는 방법이 '유사한 사례에서의 전이(hē tou homoiou metabasis)'이다. 이것은 직면한 새로운 사태와 가장 비슷한 과거 경험을 참고해 새로운 사태에 대처하는 방법이다. 예를 들어, 손가락에서 처음 보는 종기가

생겼다면 혹시 예전에 발가락에 비슷한 종기가 난 적이 있는
지 떠올려 손가락의 종기를 치료하는 것이다. 이것은 새로운
지식을 만들어내지는 못하지만 유용한 대처 방법이다.

　물론 경험은 의학의 중요한 부분이다. 그러나 현상을 현상
차원에서만 이해하고 설명하는 것이 아니라 현상의 토대로 내
려가 그것을 이론으로 만들고자 하는 인간의 욕구를 의학에서
만 피해갈 수는 없다.

이론적 특성

　이론적 혹은 사변적 의학도 그 뿌리가 깊다. 다시 「고대 의
학에 관하여」로 돌아가면, 이 지은이가 활동한 기원전 5세기
무렵에 만물을 몇 가지 원질로 설명하는 자연철학적 의학이
새로운 조류로 유행했음을 알 수 있다. 하나 혹은 소수의 기본
원리에서 연역해 인체에서 일어나는 다양한 생리현상과 병리
현상들을 설명하고 거기에서 치료 원리를 이끌어내고자 하는
시도는 고대부터 지금까지도 이어지고 있다. 의학의 역사에서
'독단론자(dogmatikoi)' 혹은 '이론가(logikoi)'라고[1] 이름 붙인
이들은[2] 다양하고 때로는 서로 상충되는 이론들을 내세우지
만 이론적 전제에서 출발한다는 점에서 일치한다.

　「고대 의학에 관하여」의 지은이가 자연철학적 전제에서 출
발하는 의학을 비판했지만, 히포크라테스 이후 고대에서 오랫
동안 이론적 원리에서 출발하는 의학이 유행했다. 디오클레스,

프락사고라스, 에라시스트라토스와 헤로필로스 등이 이러한 입장을 가진 대표적 의학자들이었다. 이들은 서로 다른 의학 이론을 주장했지만, 인체의 다양한 생리현상과 병리현상 밑바 닥에는 우리의 이성으로 파악할 수 있는 실체나 근본 원인이 있다고 보는 점에서는 일치한다. 즉, 근본 원리를 통해 다양한 생리현상과 병리현상의 본질을 이해할 뿐 아니라 거기에 적절 히 개입할 수도 있다고 생각했다.

예를 들어, 디오클레스는 차갑고 덥고 건조하고 습한 네 가 지 성질 사이의 균형으로 인체가 이루어진다고 보고, 모든 질 병은 몸을 구성하는 요소들과 날씨가 조화를 이루지 못해 생 긴다고 주장했다. 또한 프락사고라스는 체액설을 더욱 발전시 켰다. 그는 기존의 4체액을 그 성질에 따라 열한 가지로 분류 했으며, 각종 질병은 체액이 변질되어 생긴다고 보았다. 특히 그는 모든 종류의 염증과 열병은 체액이 썩는 것이 원인이라 고 주장했다.

그런데 똑같이 '독단론자' 혹은 '이론가'로 불리지만 헤로 필로스와 에라시스트라토스는 이들과는 조금 달랐다. 그것은 이들이 활동한 헬레니즘 시대 알렉산드리아의 독특한 지적인 분위기 때문이다.[3] 헬레니즘 시대에 들어오면서 의학의 중심 이 이오니아 지방에서 북아프리카의 알렉산드리아로 옮겨 왔 다. 그리고 이곳에서 이전의 히포크라테스 의학과는 구별되는 새로운 의학이 탄생했다. 히포크라테스 의학이 환자를 직접 보고 세밀하게 관찰하는 것에 비중을 둔 '임상' 의학이었다면,

알렉산드리아의 의학은 환자를 관찰할 뿐만 아니라 아주 엄밀한 실험적 방법을 토대로 한 '과학적' 의학이었다고 할 수 있다. 히포크라테스 의학에서 별로 발달하지 않았던 해부학이 이 시기에 눈에 띄게 발달했으며, 과학적 실험과 관찰을 통해 인체의 다양한 생리 기능에 대한 새로운 지식도 쌓였다.

이처럼 헬레니즘 시대의 의학이 히포크라테스 시대의 임상의학에서 과학적 의학으로 넘어가는 데에는 아리스토텔레스의 공헌이 컸다. 그는 다양한 생물을 관찰하고 동물을 해부해 헬레니즘 시대에 과학 의학이 꽃필 수 있는 토대를 마련했다.

이러한 배경을 바탕으로 헤로필로스는 인체를 직접 해부해 그 정확한 구조를 알게 되었다. 그는 특히 신경계통의 해부학을 크게 발전시켰다. 현재까지 알려진 12쌍의 뇌신경 중 최소한 6쌍의 뇌신경을 발견했으며, 감각신경과 운동신경을 구별하기도 했다.

사실 헤로필로스가 위에서 말한 '강한' 의미에서의 '이론가'인가에 대해서는 다소 논란이 있을 수 있다. 왜냐하면 그는 의학의 이론적 측면을 강조하면서 의사는 모름지기 질병의 원인과 종류를 반드시 알아야 한다고 말하는 이론가의 면모를 보이는가 하면, 원인을 가설로만 상정하고 현상과 경험을 더 중요하게 생각하는 경험론자의 모습도 동시에 보이기 때문이다. 비록 헤로필로스가 좀더 조심스런 모습을 보였다고 해도 해부학에 많은 업적을 남긴 것만으로도 '이론가'의 성격이 강하다고 할 수 있다. 해부학이란 사람 몸 안에 있는 '숨은' 구조를 연구하는 것이며, 우리는 이 숨은 구조를 알게 됨으로써 인체가 보이는 다양한 생리현상과 병리현상의 근원을 이해할 수 있다고 믿는다. 그런 의미에서 해부학자는 '이론가'의 전형적인 논리를 갖고 있다고 할 수 있다.

다음으로 에라시스트라토스의 이론에 대해 간단히 살펴보자. 그는 우리가 관찰할 수 있는 것은 현상뿐이지만, 그 현상을 넘어 이성으로만 볼 수 있는 가려진 실체가 존재하고, 우리는 그것을 이성으로 파악해야 한다고 주장했다. 당시 눈에 보이지 않는 미세한 요소들이 온몸에서 방출되는가 하는 문제를 두고 열띤 논쟁이 벌어졌다. 에라시스트라토스는 방출이 일어난다는 가설을 입증하기 위해 다음과 같은 실험을 했다. 먼저 그는 새 한 마리를 새장 안에 가두고 일정한 기간 동안 먹이와 물을 주지 않았다. 그리고 일정한 시간이 지난 뒤 새를 꺼내 새와 배설물의 무게를 달았다. 그러자 이 둘을 합한 무게는 처음에 새장에 집어넣을 때 새의 무게보다 적었다. 이 실험 결과로 에라시스트라토스는 눈에 보이지 않는 방출이 일어난다는 자신의 가설을 입증했다. 「고대 의학에 관하여」의 저자가 비판했던, 가설로 현상을 설명했지만 가설의 타당성을 검증하는 데에는 관심이 없었던 의학자들과는 달리 에라시스트라토스는 가설을 검증했다. 그리고 그는 이러한 사실은 이성으로만 보인다고(kata to logōi theōrēton) 주장했다. 눈에 보이는 명백한 현상보다 보이지 않는 원인이 더 중요하다고 주장한 에라시스트라토스는 원인의 존재 자체에 대해 조심스런 태도를 보였던 헤로필로스에 비하면 훨씬 독단적이다.

헤로필로스와 에라시스트라토스로 대표되는 알렉산드리아 의학자들은 실험을 통해 과학 의학을 바로 세우고자 했다. 특히 에라시스트라토스는 일종의 기계론적 해부병리학 위에 그의 의학 체계를 세우려 했다. 이러한 새로운 시도는 그르멕이 표현한 것처럼, 의학의 인식론적 혁명이라 할 수 있다. 그러나 알렉산드리아 의학이 신선하기는 하지만 역시 현상 아래에 있는 근본 원인을 찾는다는 점에서 자연철학에서 시작된 사변적 합리성의 연장선에 있다고 볼 수 있다.

앞에서 설명한 대로 알렉산드리아에서 과학적 의학이 발달한 데에는 아리스토텔레스의 영향이 컸다. 그의 공헌은 단순히 인체 해부를 할 수 있는 길을 열었다는 차원에 머무르지 않고, 알렉산드리아 의학의 성격 자체를 근본적으로 규정했다. 아리스토텔레스는 실증과학자로서 구체적인 현상을 관찰하고 기술하는 데에 소홀하지 않았지만, 근본 원인에 대한 철학적 관심은 그가 과학 탐구를 하는 중요한 동기였다. 그는 이전의 자연철학자들에 비해 훨씬 뛰어난 실증과학적 성과를 남겼지만, 자연현상의 제1원인에 대해서는 그들처럼 관심이 있었다. "건강과 질병의 제1원리에 대한 견해를 갖는 것은 자연철학자들의 일이다. (중략) 그래서 자연을 탐구하는 자들은 의학으로 귀결되고, 의사들은 자연학으로 시작한다." 즉, 아리스토텔레스 역시 의학의 원리는 자연학의 원리에서 나온다는 초기 자연철학자들과 같은 생각을 한 것이다. 그는 질병이나 건강의

'원리(archē)'가 존재한다고 믿었다. 알렉산드리아 의학자들도 그렇게 믿었는데, 그들은 자연현상과 그 원리를 탐구하듯이 인체의 구조와 기능을 탐구했다.

그러나 이러한 과학적 의학은 다시 한번 의학의 독자성을 주장하는 학자들의 반격을 받는다. 이 반격은 「고대 의학에 관하여」에서 보이는 반발보다 훨씬 근본적이어서 과학적 의학의 사변적 토대를 완전히 부정하며, 사변적 합리성과 경험적 합리성 사이의 간극을 그대로 드러냈다.

앞서 설명한 경험학파의 등장은 바로 이 사변적 합리성을 기초로 한 의학의 불완전함에서 생겨난 것이다. 만약 그들의 주장대로 이성의 합리성을 근거로 한 의학 이론을 만들었다면 오직 이론이 하나만 존재해야 하는데 현실은 그렇지 않았다. 의학 이론이란 결국 질병의 원인을 밝히는 것인데, 그에 대한 수많은 이론들이 난립하자 원인을 찾는 활동의 가치에 의문을 가진 사람들이 늘어났다. 그래서 경험학파는 원인을 탐구하는 대신 효과 있는 경험적인 치료법을 찾는 데 관심을 기울였다. 경험학파의 이러한 태도는 고대 회의주의가 생기는 데 큰 영향을 주었다. 실제로 고대 회의주의를 대표하는 철학자들 가운데 상당수가 의사였다.

한의학에서의 경험과 이론

이제까지 서양의학의 경우를 살펴보았는데 이번에는 한의

학에서 경험과 이론이 어떤 방식으로 연결되어 있는가를 살펴보자. 한의학은 흔히 경험 의학이라는 말을 많이 한다. 그래서 어떤 치료법의 이론이 되는 근거를 따질 때 납득할 만한 설명을 제시하기보다는 수천 년 동안 전해온 경험으로 확인된 것이라고 대답하는 경우가 많다. 사실 한의학에 축적된 방대한 처방들과 본초학 지식은 경험을 빼고 말하기 어렵다.

그러나 한의학에 경험적 측면만 있는 것은 아니다. 한의학에도 다양한 생명현상을 설명하는 이론들이 있으며, 방대한 경험적 지식들을 일관성 있게 설명하기 위한 대표적인 이론 체계로 음양오행설을 들 수 있다. 여기서는 음양오행설의 타당성을 문제 삼으려는 것이 아니고, 음양오행설이 한의학에서 어떤 역할을 했는지 살펴보고자 한다.

한의학은 경험적 측면과 독단적 측면을 함께 갖고 있다. 독단적 측면은 주로 음양오행설을 적용하는 방식과 관계가 있다. 음양오행설의 역할은 이미 일어난 현상을 나중에 설명하는 데 한정되며, 그것으로 어떤 현상을 예측하거나 치료법을 추론해낼 수는 없다.

그리고 음양오행설 적용의 문제는 이론 자체가 도그마가 되어 비판을 허용하지 않는다는 점이다. 다시 말해, 도그마 형성 과정과 도그마 자체의 타당성, 그리고 변화 가능성에 대한 논의가 막혀 있어 음양오행설이 더욱 독단적으로 흘러간다. 다만 다른 한편으로 풍부하게 쌓인 경험이 독단적 이론의 폐해를 어느 정도 중화하는 측면도 있다고 볼 수 있다.

한편 우리나라의 전통 의학은 조선 후기 이후 실용적 의학 지식을 강조했다. 그래서 『동의보감』 같은 두꺼운 의서가 아니라 의원이 없는 시골이나 일반 가정에서도 필요할 때 바로 볼 수 있는 간편한 의서들이 크게 유행했다. 이 경우 의학 지식은 실제로 널리 사용하는 지식이 되어 이론이냐 경험이냐 하는 문제와는 별개로 사회화된 지식의 한 유형을 이룬다.

서양의 고대의학은 한의학이 보이는 경험적 측면과 독단적 측면을 모두 갖고 있다. 그러나 현대 의학에서 경험과 이론은 새로운 방식으로 결합한다. 이론은 경험을 기초로 형성되고 경험은 이론을 통해 훨씬 체계화된다. 그런데 현대 의학에서의 경험은 직접 환자를 임상 치료한 경험만이 아니라 인위적으로 통제된 경험, 즉 실험이 중요한 구성 요소가 된다. 이는 19세기 후반 이래 실험실에서 의학 지식이 많이 탄생할 수 있었던 바탕이 되었다.

의학의 존재 이유와 근거

인간의 생명과 건강을 다루는 학문인 의학은 생활에 꼭 필요한 지식으로 인정받고 있다. 그러나 이처럼 자명해 보이는 의학의 존재 이유와 근거가 역사에서 항상 당연한 것으로 여겨진 것은 아니었다. 예를 들어, 서양의학의 뿌리인 『히포크라테스 전집』 가운데 「기예에 관하여」란 글을 살펴보자. 이 글은 의학의 존재 가치를 의심하는 사람들에게 의학의 존재 가치를 변호하는 내용으로 이루어져 있다. 무엇보다도 이 글을 쓴 사람은 의학의 존재 가치만이 아니라 의학의 존재를 부정하는 급진적 비판자들에 대해 기예로서의 의학 지식이 실제로 '존재함'을 역설하고 있다. 저자가 의학의 존재를 입증하는 논거는 다음과 같다. "존재하는 것은 볼 수 있고 지각할 수 있다. 그런데 우리는 이데아를 통해서만 어떤 대상을 보거나 지각할 수 있다. 그리고 이름은 이데아에서 유래한 것이며 그 반대는 아니다. 따라서 우리에게 이미 '의술'이라는 이름이 존재하는 이상 그것은 의술의 이데아에서 유래한 것이며, 그 이름에 해당하는 대상, 즉 의술의 존재를 의심할 수 없다." 오늘날의 눈으로 보면 조금 이상한 논증 방식이지만 어쨌든 저자는 이런 방법으로 의술의 존재를 입증했다.

다음으로 저자는 의술이 우연적 지식일 뿐이라는 일부의 반론에 맞섰다. 그들은 의술로 모든 질병을 치료할 수 있는 것도 아니며, 또 의사에게 치료받지 않고도 병이 낫는 환자들이 있다는 사실을 들어 의술은 우연일 뿐이라고 공격했다. 이에 대해 「기예에 관하여」의 지은이는 의술에 우연의 요소가 일부 있는 것은 사실이나 결국 환자가 낫는 것은 치료가 성공한 것이고, 낫지 않는 것은 치료가 실패한 결과이므로 결국 우연이 아니라 의술로만 질병을 고칠 수 있다고 주장했다. 기예와 우연의 대립, 다시 말해 테크네techne와 튀케tuche의 대립은 기원전 5~4세기 무렵 테크네에 대한 논의에서 일반적으로 나타났다. 테크네와 튀케 사이의 대립은 인과성(dia ti)과 특별한 원인이 없어도 우연히 저절로 일어나는 일(to automaton) 사이의 대립으로도 표현된다. 의사가 가진 지식, 즉 테크네는 질병의 인과성에 대한 지식이며 이것은 우연성과 대립한다. 그리고 앞서 논의한 의학의 존재와 비존재에 관한 논의에 따르면, 인과성에 근거한 의학은 실체(ousia)를 갖는 반면, 인과성에 근거를 두지 않는 우연성은 어떤 실체도 갖지 않는다.

『히포크라테스 전집』에 들어 있는 또 다른 글「인간의 위치에 관하여」의 지은이도 의학에서 우연의 역할을 배제했다. 그는 의학이 발전한 이상 우연이나 운은 의학에서 필요하지 않다고 보았다. 튀케는 인간의 통제권을 벗어나 있으며, 인간의 의도와는 무관하게 자신의 의지에 따라 작동하므로 이성적이고 합리적인 이론을 바탕으로 하는 의학에 우연이 차지할 자리는 없다고 보았다. 의학에 대해 이러한 지식을 가진 사람은 운이 있건 없건 치료에 성공할 것이다. 치료할 때 사용한 약의 효과도 운 때문이 아니다. 만약 어떤 사람이 질병을 치료했다면 그것은 환자 자신이나 환자를 치료한 의사가 그 질병에 대해 잘 알고 있었기 때문이지 단순히 운으로 그렇게 된 것은 아니다. 반대로 질병을 치료하지 못하는 것 역시 운이 없어서가 아니라 충분한 지식이 없기 때문이라고 주장했다.

의학의 존재 가치에 대한 의문은 고대에만 제기된 것이 아니다. 의학의 궁극적인 목적이 질병을 치료하는 것이라고 할 때 의학의 치료 능력을 의심하는 것은 의학의 존재 가치를 의심하는 것으로 이어졌다. 서양의학의 역사를 통해 볼 때 19세기 이전까지 치료술은 거의 발전하지 못했다. 18세기 혹은 19세기 전반까지도 서양의학에서 주로 사용한 치료법은 고대에서 전해진 발한, 설사, 구토, 사혈이 전부였다고 해도 과언이 아니다. 서양의 근대 의학사를 찬란하게 장식한 베살리우스의 해부학도 고대 의학의 집대성자인 갈레노스의 오류를 몇 가지 수정한 것을 빼면 실제로 의학 발전에 크게 공헌했다고 볼 수 없다. 물론 해부학의 발달은 인체 구조에 대한 지식을 넓혀서 외과학이 발전하는 데 많이 기여한 것은 사실이지만, 외과학이 해부학 구조에 대한 지식만으로 발전한 것은 아니다. 외과학이 발전하기 위해서는 해부학 지식뿐 아니라 인체 생리와 병리적 작용원리를 반드시 이해해야 한다. 그리고 인체 구조와 기능에 대한 기본 지식뿐만 아니라 실제로 마취술의 발달이나 수술한 상처의 감염을 막는 소독이나 살균에 대한 개념도 꼭 필요했다. 아무리 수술할 부위의 구조를 잘 알고 있더라도 마취를 하지 않고 수술할 수 있는 경우는 별로 없으며, 마취를 했더라도 살균과 소독을 하지 않으면 수술 부위는 십중팔구 감염되어 환자는 결국 사망할 수밖에 없다. 따라서 우리는 해부학이 발달하면 치료 효과도 그만큼 클 것이라고 성급하게 결론을 내려서는 안 된다. 실제로 베살리우스 역시 치료할 때 사혈 같은 전통적 치료 방법을 사용했는데, 그는 옆구리 통증을 없애기 위해서는 팔뚝에 있는 정맥에서 흑담즙을 빼내야 한다고 주장했다.

베살리우스와 함께 서양 근대 의학의 문을 연 위대한 의학자 하비도 마찬가지다. 인체 안의 혈액이 순환한다는 사실을 밝힌 하비의 공적은 아주 크다. 혈액이 혈관을 통해 몸 안을 흐른다는 사실은 이미 고대에도 알려져 있었다. 그러나 하비 이전까지는 음식물을 소화해서 만들어진 혈액은 에너지처럼 몸의 각 부분에서 소모되어 없어진다고 생각했다. 그런데 하비는 심장의 용적과 박동수를 곱해 보면 제한된 분량의 음식물을 먹고 단위 시간 안에 그토록 많은 혈액이 새롭게 만들어질 수 없으므로 혈액은 순환할 수밖에 없다는 사실을 입증했다. 그 밖에도 팔의 정맥을 묶어 심장을 빠져나온 혈액이 심장으로 돌아가지 못하고 정맥을 부풀게 만드는 현상을 유도해 정맥피가 다시 심장으로 흘러들어간다는 사실, 그리고 혈액의 역류를 방지하는 정맥의 밸브를 이용해 몸의 끝부분에서 나온 혈액이 다시 심장으로 돌아간다는 사실을 입증했다. 하비가 혈액순환을 밝힌 업적 자체도 위대하지만 이 사실을 입증하기 위해 그가 사용한 실험 방법이 아주 뛰어나서 의학 역사에서 높은 평가를 받는다. 그러나 이런 업적을 세운 하비 역시 실제 질병 치료에는 큰 공헌을 하지 못했다.

베살리우스와 하비 이후, 이른바 근대 서양의학의 고전들을 살펴보면서 새롭게 느낀 사실은, 많은 의학자들이 다양한 의학 이론을 내세웠고 그 가운데는 지금도 의미 있는 성과들이 많지만, 치료법을 직접 다룬 책들은 찾아보기 힘들다는 점이다. 즉, 질병의 원인과 각종 생리 과정과 병리 과정에 대한 다양한 이론을 담은 책들은 많지만, 구체적인 치료법을 다룬 책은 별로 없다.

이러한 사실은 동아시아에서 국가사업으로 혹은 의학자들이 많은 처방서를 쓰고 편찬한 것과 상당히 대비된다. 중국은 당나라 시대 이후 『천금방千金方』을 비롯해 각종 처방들을 모은 방서들이 많이 나오기 시작했다. 송대에는 『태평성혜방太平聖惠方』 『화제국방和劑局方』 등 정부에서 펴낸 이른바 관찬 의서들이 많이 나왔다. 이 의서들은 후대 의학에도 많은 영향을 주었다. 물론 이처럼 많은 처방들이 나왔다고 해서 곧바로 치료 방법도 그만큼 발전했다고 단정할 수는 없다. 오히려 지나치게 많은 처방들이 나와 혼란스럽기도 했고, 병을 치료하기는커녕 몸을 해치는 처방도 많았다.

우리나라의 처방서로는 조선시대 세종 때 편찬한 『향약집성방鄕藥集成方』이 대표적이다. 그리고 또 조선 후기에 이르러서는 이론을 다룬 의서보다 실생활에서 유용하게 볼 수 있는 실용 의서들이 많이 나왔다. 이렇듯 동양과 서양을 대비해보는 것은 어느 쪽의 우열을 따지기 위해서가 아니라 동양의학과 서양의학의 첫째 관심사가 어디에 있었는가를 잘 보여주기 때문이다.

서양의학은 19세기 전반까지도 치료허무주의가 널리 퍼져있었다. 이른바 과학 의학이 서서히 그 모습을 드러내고 있던 19세기에도 이러한 허무주의를 완전히 없앨 새로운 치료법이 나타나지 않았다. 19세기 초에는 파리임상의학파의 대표적 임상가인 브루세가 제안한 '거머리 요법'이 크게 인기를 끌어

당시 의학의 중심지인 파리에서는 전 세계에서 거머리를 수입하기도 했다.

물론 19세기 후반부터 놀라울 정도로 치료 방법이 발전해 치료허무주의는 사라졌다. 그러나 20세기 이후 의학이 눈부시게 발전하고 있지만 한편에서 여전히 현대 의학이 아무 쓸모가 없다고 주장하는 사람들이 나타나는 것을 볼 때 의학의 존재 이유와 근거에 대한 의심은 어찌 보면 의학의 본질 가운데 한 부분일지도 모른다.

의학은 진보하는가

우리는 '역사는 진보한다'는 역사관에 익숙하다. 그래서 '의학이 진보하는가?'라는 질문에 대한 답은 너무도 당연한 것처럼 느껴진다. 하지만 이 질문은 생각처럼 간단한 문제가 아니다.

과학과 의학이 하루가 무섭게 진보하는 오늘날에도 여전히 이천 년 전에 나온 의학 경전인 『황제내경黃帝內經』에서 이론의 근거를 찾고, 사백 년 전의 『동의보감東醫寶鑑』에 따라 처방을 내리는 한의사들이 엄연히 있는 현실은 의학이 진보한다는 명제를 다시 되돌아보게 한다. 그리고 한의사들 가운데는 한의학은 완성된 학문이므로 더 발전할 필요가 없다고 주장하는 이들까지 있다. 물론 이러한 주장은 많은 비판을 받을 수 있다. 그러나 무조건 비판하기 전에 이러한 주장을 하는 사람들이 생각하는 의학의 진보는 단순히 한의학에 한정된 것이 아니라 전체 의학에 대한 보편적인 문제의식의 한 면을 보여 주는 것이라고 보아야 할 것이다.

예를 들어, 『히포크라테스 전집』만 보더라도 이천오백 년 전에 의술의 발전과 진보에 대해 아주 다른 견해가 있었다는 사실을 알 수 있다. 그 당시에도 현존하는 의술은 과거에 이미 완전한 모습으로 발견되었기 때문에 더 새롭게 진보하거나 개선할 필요가 없다는 이야기가 있었다. 이는 「기예에 관하여」의 지은이나 「인간의 위치에 관하여」의 지은이가 주장했다. 특히 「인간의 위치에 관하여」의 지은이는 의학의 모든 내용이 이미 발견되었다고 선언했다. 의학에 대해 지나친 낙관론이자 다소 폐쇄적인 의학관을 보이는 이러한 견해에 대해 「고대 의학에 관하여」의 지은이는 좀더 개방적인 의학관을 보여 주었다. 그에 따르면 의학은 과거에 발견되었지만 현재에도 새롭게 발견되는 내용들이 더해져 계속 발전하고 있고 미래에도 계속 발전할 것이라고 했다. 또 여러 분야에서 놀랄·만큼 엄밀해졌으나 여전히 많은 것들을 발견해야 한다고 생각했다.

이렇듯 인간 문명이 발전한다는 시각은 기원전 5세기 무렵부터 그리스에서 나타나기 시작해 역사, 문학, 철학에 관한 책에서 이러한 주제들을 많이 다루었다. 이들은 의학에만 한정되지 않는 넓은 의미의 문명화는 인류를 더 건강하게 만들어 질병과 죽음에서 보호할 것이라고 생각했다. 「고대 의학에 관하여」에 실린 다음과 같은 글은 이러한 생각을 잘 표현하고 있다.

만일 인간이 땅에서 자라는 과일, 나무 풀 따위를 소나 말, 기타 인간 이외의 동물과 같은 방식으로 섭취하고 건강한 상태를 유지할 수 있다면 지금 건강한 사람이 하고 있는 식생활은 발견되지 않았을 것이다. (중략) 현재 인간의 식생활은 오랜 세월에 걸쳐 발견되고 기교화되어 만들어졌다. 초기 인간들은 불에 익히지 않은 날 음식과 거칠고 조잡한 식생활 때문에 자주 불행한 일을 당했다. 만약 인간이 지금도 그러한 식생활을 한다면 큰 고통과 질병으로 죽음을 빨리 맞게 될 것이다.

그러나 이와는 완전히 다르게 생각하는 이들도 있었다. 이들은 앞에서 말한, 즉 의술은 이미 과거에 완성되었으므로 더 진보할 필요가 없다는 생각에서 한걸음 더 나아가 문명화 과정 자체를 타락으로 보았다. 이러한 관점에 따르면, 이른바 우리가 발전이라고 부르는 모든 과정은 오히려 인간의 건강을 나쁘게 하고 수명을 줄이는 것이며, 여기에는 의학 발전도 예외가 아니다. 이러한 관점을 주장한 대표적인 사람이 루소다. 다음과 같은 루소의 말을 들어보자.

문명화된 인간의 상태와 원시인의 상태를 편견 없이 비교해보자. 그리고 문명화된 인간에게 있는 사악함, 궁핍, 비참함은 제쳐두고라도 문명이 우리를 고통과 죽음으로 이끄는 새로운 출구가 아닌지 자문해보자. 우리를 파괴하는 정신적인 긴장, 우리를 낙담하게 하기도 하고 고갈하기도 하는 격정, 가난한 자들의 어깨 위에 지워진 너무나 무거운 고역, 그리고 그보다도 더 위험한, 부자들이 빠져드는 안락함에 대해 생각해보자. 어떤 이들은 궁핍 때문에 죽고 다른 이들은 과잉으로 죽는다. 기괴한 혼합물인 우리의 음식, 해로운 향신료, 부패한 음식, 엉터리 약, 그것을 파는 사람들의 사악함, 약을 투여하는 사람들이 저지르는 오류에 대해 생각해보라. 빽빽하게 모여 사는 사람들 사이에서 생겨나는 나쁜 공기 때문에 발생하는 전염병과 우리의 안락한 생활방식 때문에, 실내 환경에서 실외 환경으로 이동한 것 때문에, 그리고 우리가 특별히 주의하지 않고 입고 벗는 의복에 때문에 악화되는 이들 전염병을 보라. 도시 전체와 수많은 인명을 앗아가는 화재와 지진도 잊어서는 안 된다. 이 모든 것들이 일으키는 위험이 우리를 영원히 위협한다는 사실을 받아들이면, 자연의 교훈을 무시한 대가로 우리가 자연에게 치러야 할 빚이 얼마나 큰가를 당신을 알 수 있을 것이다.

이백 년 전에 루소가 한 말은 지금 상황과 꼭 맞아떨어진다. 인간의 수명이 늘어났지만 인공적인 생활환경 때문에 새로운 질병들은 끊임없이 나타나고 있다. 요즘 어린이들에게 흔한 아토피성 피부염은 지나치게 깨끗한 주거환경에서 비롯된 것이고, 최근 전 세계를 공포로 몰아넣은 광우병 파동은 가축을 자연적이지 않은 방식으로 사유했기 때문에 발생했다.

의학 지식의 자기 충족성

마지막으로 의학 지식의 자기 충족성 혹은 자율성에 대해 살펴보자. 흔히 고대에는 철학의 범위가 지금보다 훨씬 넓어 지금의 자연과학에 들어갈 분야까지도 포괄했으며, 의학 또한 철학과 밀접한 관계가 있었다고 말한다. 물론 틀린 말이 아니다. 한의학은 지금까지도 동양철학과 밀접한 관계를 맺으며 존속하고 있다.

그러나 고대 서양의학과 철학이 늘 행복한 동거를 한 것은 아니다. 우리는 의학과 철학 사이에 있었던 날카로운 긴장의 한 예를 『히포크라테스 전집』에서 찾아볼 수 있다. 히포크라테스가 활동한 기원전 5세기의 그리스에서는 이른바 자연철학자들이 이 세계의 구성과 운영에 대해 통일되고 일관된 설명을 하기 위해 여러 가지 가설들을 내세웠다. 이들은 자연계의 다른 현상을 설명하는 가설로 인간의 몸과 질병을 설명하고자 했다. 사실 이런 자연철학자들은 자연현상 못지않게 인간의 몸에서 일어나는 생리현상에도 큰 관심을 갖고 있었다. 알크마이온이나 디오게네스 아폴로니우스, 데모크리토스 등은 모두 인간의 발생과 생리현상에 관해 흥미 있는 설명을 했다.

실제로 『히포크라테스 전집』 안에도 이러한 자연철학의 영향을 많이 받은 글들이 실려 있다. 그런데 「고대 의학에 관하여」의 지은이는 자연철학의 일부로서 의학을 바라보는 입장에 강하게 반대했다. 그는 자연철학의 영향에서 벗어난 독립된 분야로서 의학의 자율성을 강하게 옹호했다. 그는 당대 의학이 자연철학자들의 가설을 비판도 하지 않고 의학에 도입하는 경향에 강하게 반발하며, 의학은 이론 구성과 실천에서 다른 학문의 도움이 필요 없는 자기 충족적인 독립된 영역임을 강조했다. 그에 따르면, "의학은 오래전부터 원리와 방법을 모두 갖고 있다. 따라서 의학에 철학 가설을 도입하는 것은 필요 없다"고 역설했다.

그리고 그는 여기에 멈추지 않고 한걸음 더 나아가 의학이야말로 인간을 다룬 참된 지식이며, 인간을 이해하기 위해 철학은 오히려 의학에서 배워야 한다며 다음과 같이 말했다. "인간이 무엇인가를 알지 못하면 의학을 알 수 없으며, 의술을 제대로 펴기 위해서는 이런 지식이 반드시 필요하다고 말하는 사람들이 있다. (중략) 그러나 나는 의학을 통해서만 인간 본성에 관한 지식에 이를 수 있다고 생각한다."

질병이란 무엇인가

질병을 어떻게 보고 개념화할 것인가의 문제는 의학의 핵심 문제이다. 질병을 어떻게 규정하느냐에 따라 그것을 다루는 의학의 기본 성격이 달라지기 때문이다. 의학 발전의 역사를 살펴보면 늘 이 문제가 중심에 자리 잡고 있음을 알 수 있다. 질병을 정의하는 문제, 혹은 질병을 개념화하는 문제는 단지 의학 역사에만 해당되는 것이 아니다. 이 문제는 다음과 같은 의학 철학의 핵심 물음과 직접 연결되어 있다. "질병은 실체적 존재인가 아니면 하나의 과정인가?" "질병은 객관적 실재의 반영인가 아니면 인위적인 구성물인가?" 물론 이러한 물음을 유명론자와 실재론자 사이의 해묵은 철학적 대립을 의학에서 다시 재현하는 것으로 생각할 수도 있다. 그러나 의학에서 이와 같은 대립은 질병이라는 현상에 현실적 근거를 두고 있다는 점에서 오히려 추상적인 철학 논쟁에 새로운 빛을 던져줄 수도 있을 것이.

질병의 개념을 규정하는 것과 관련해 의학의 역사를 살펴보면 두 가지 대립되는 병리 이론이 번갈아 등장하는 것을 볼 수 있다. 하나는 실체론적 질병관으로, 이것은 원시적 질병관에서 기원했다. 원시적 질병관은 귀신이나 악령이 몸속에 침범해 질병을 일으키는 것으로 보기 때문에, 치료법은 귀신이라는 악한 실체를 몸 바깥으로 쫓아내는 것이다. 이러한 관념은 반드시 원시적이라고만 할 수는 없는데, 현대 의학의 미생물병인론 역시 동일한 개념에 근거를 두고 있기 때문이다.

실체론적 질병관은 우리 몸 안에 질병의 자리가 있다는 관념과도 연결되어 있다. 밖에서 들어온 질병의 원인이 어느 부위에 가서 자리를 잡느냐에 따라 질병이 생기는 부위가 달라지고 종류도 달라진다. 질병은 몸 전체가 겪는 실존적 사건이기도 하지만, 특정 부위에 생기는 현상이기도 하다. 이러한 관념 역시 원시적 기원과 함께 해부병리학이라는 현대 의학적 관념으로 표현되고 있다.

다음으로 질병을 동적인 관점에서 바라보는 또 다른 병리 이론에서는 건강이란 인체와 각 구성 요소들 사이의 균형과 조화를 이룬 것이며, 그것이 깨진 것을 질병이라고 본다. 이러한 관념은 고대 자연철학자들과 히포크라테스를 비롯한 고대 의학자들이 보통 가지고 있던 질병관이다. 이러한 관념은 고대 서양 의학의 대표적 병리이론인 4체액설과도 밀접한 관계가 있다.

이러한 전통적인 질병관 말고도 현대에는 질병의 심리적 기원을 중요하게 생각하는 정신·신체적 질병관이 중요한 관점으로 등장했다. 이는 질병을 단순히 생물학 차원의 사건으로만 보는 것이 아니라 정신적 차원과 나아가서는 사회적 차원까지도 포함해서 바라볼 수 있게 했다.

질병은 사람 몸에서 일어나는 사건이다. 그런 의미에서 질병은 '몸'이라는 실체적 근거를 가지는 현상이다. 그런데 이는 단순히 질병의 원인이 무엇이라는 뜻은 아니다. 그것은 질병의 개념 규정에 관한 것이기도 하고, 또한 질병의 존재 방식에 대한 물음이기도 하다. 사람들이 질병이라는 현상을 어떻게 생각해왔으며 이를 어떻게 개념화해왔는가 하는 문제는 단순히 의학사에 한정된 문제가 아니다. 그 역사를 더듬어보면 그 과정은 다소 거창하게 들리겠지만, 인류가 지적인 진보를 한 과정과 같다고 볼 수 있다. 그리고 질병을 설명하는 방식은 결국 당대의 지적인 패러다임 위에서 이루어진다는 사실을 알 수 있다. 그런 의미에서 우리가 질병 이론의 역사적 변천 과정을 살펴보는 것은 단순히 의학 이론의 변천사를 따라가는 것만이 아니라 인류 지성사의 중요한 측면을 살펴보는 것이다. 물론 그렇다고 해서 이것이 하나의 절대적 시대정신이 먼저 존재하고 그것이 문학, 예술, 의학 등 각 분야에 구현된다는 식의 관념론적 역사 인식은 아니다. 각 영역이 갖는 독자성과 자율성은 충분히 인정하면서 동시에 한 시대의 사상적 특징들이 각 시대의 질병 이론에 반영되어 표현된다는 의미이다. 이는 어찌 보면 당연한 것이다. 왜냐하면 질병을 이해하는 것은 결국 인간 자신과 그를 둘러싼 환경을 이해하는 것이기 때문이다.

질병의 개념

상식 수준에서 질병의 개념을 정의하는 것은 어렵지 않지만 거기에는 다양한 측면들이 섞일 수 있다. 그리고 각 언어에 따라 질병과 관련된 다양한 현상을 표현하는 방식에도 미묘한 차이가 있다. 예컨대 한국어의 '아프다'라는 표현은 통증을 느낀다는 말이기도 하지만, 병에 걸렸다는 뜻도 된다. 이 밖에 '앓다'는 말은 병으로 고생한다는 뜻도 있지만, "그 사람 돈을 떼이고 앓아누웠다"는 표현에서처럼 마음이 충격을 받아 몸까지 고통스러운 상태에 빠져 있음을 표현하기도 한다. '앓다'라는 단어는 정신과 육체가 밀접하게 연관되어 있음을 잘 보여주는 말이다. 이러한 간단한 예를 통해 질병 현상과 관련된 한국어의 특징을 살펴보면, 한국어는 이를 '질병'이라는 개념으로 추상화해 명사로 사용하기보다는 병으로 고통 받는 사람이 주체가 되어 그가 겪고 있는 '고통스러운 상태'를 설명하는 형용사 혹은 동사가 된다. 물론 '질병'이나 '병'처럼 한자어에서 유래한 표현을 사용하기는 하지만 이러한 현상을 명사로 개념화하기보다는 상황을 형용사나 동사로 표현하는 것을 더 좋아한다. 이러한 특징은 개념을 정의하는 것에 집착하는 서양과는 분명 다른 모습을 보여주고 있다.

한편 서구어의 근간을 이루는 인도-유럽어족에서는 병이 난 상태를 다음과 같이 네 가지 방식으로 개념화한다. 1)약함, 힘의 결핍, 노동력의 상실 2)결함이나 추함 3)불편감 4)고통이나 통증 따위. 이런 방식의 개념규정은 병적 상태의 객관적 측면과 주관적 측면을 잘 드러낸다. 먼저 객관적 측면을 살펴보면, 병이 난 상태란 사회가 필요로 하는 노동력을 제공할 수 없는 상태로 개념화하는 것을 알 수 있다. 객관적이란 말은 다수가 그렇게 인정한다는 말이고, 그런 의미에서 사회적인 규정이기도 하다. 그 밖에 추함과 같이 아름다움의 관점에서 질병을 정의하기도 하는데, 추함 역시 일종의 객관적 기준에 따른 평가이기도 하다. 여기서 드러나는 것처럼 객관적 기준은 결코 중립적인 가치론이 아니라 사회의 도덕과 아름다움에 대한 가치 기준에 의존하는 것이다.

물론 질병에는 객관적 측면만 있는 것은 아니다. 질병에서 빼놓을 수 없는 요소인 고통이나 통증은 객관화하기 어려운 부분이다. 우리는 객관적인 질병의 증거가 없는데도 통증을 호소하는 경우를 흔히 본다. 이 경우 환자가 단순히 꾀병을 부린다고 볼 수 없는데, 환자가 경험하는 통증은 환자 자신에게 실재이기 때문이다. 그래서 질병의 객관적 측면과 주관적 측면을 구별해 표현하기 위해 영어에서는 'disease'와 'illness'란 개념을 사용한다. '질병'으로 번역하는 'disease'는 객관적으로 규정할 수 있는 질병을 가리키는 말이고 '질환'으로 번역되는 'illness'는 환자가 경험하는 질병을 가리키기 위해 도입한 말이다.

질병을 주관적 측면과 객관적 측면으로 나누어보는 이러한 구별 말고도 병이 난 모든 상태를 포괄하는 일반 개념으로서 질병 개념과 개별 질병으로서 질병 개념을 구별할 필요가 있다. 일반 개념으로서 질병 개념을 규정하는 데는 무엇을 질병으로 규정하고 무엇을 질병이 아닌 것으로 규정하느냐가 중요하다. 그에 비해 개별적으로 질병을 규정하는 데는 개별 질병의 단위를 어느 수준에서 규정할 것인가 하는 문제, 달리 말해 질병의 존재론적 위치를 정하는 것이 어렵다. 이에 대해서는 뒤에서 자세하게 논의하겠다.

다음으로 질병을 이해할 때 중요한 문제는 질병을 객관적인 실체로 보느냐 아니면 사회문화적 구성물로 볼 것이냐 하는 점이다. 이는 앞서 질병을 객관적 측면과 주관적 측면으로 구분한 것과 관계가 있다. 앞의 구분이 한 개인이 주관적으로 느끼는 경우를 말한다면, 이것은 역사와 문화 경험을 공유하는 집단에 있는 사람들이 공통으로 체험하는 질병을 말한다. 주로 의료인류학자들이 주장하는 이러한 질병 개념은 질병을 문화 구성물로 보는 경향이 강하다. 다시 말해 어떤 역사 문화 집단에서 존재하는 질병은 다른 역사 문화 집단에서는 존재하지 않거나 그와는 아주 다른 방식으로 존재한다는 가정에서 출발한다. 그 예로 사회나 문화 요인이 발병에 많은 영향을 미치는 정신질환을 들 수 있다. 대표적으로 우리나라의 '화병'이 여기에 해당할 것이다. 물론 문화를 경험하는 것이 중요한 발병 요인으로 작용하는 질병도 있지만 이를 모든 질병에 확대해 적용하기는 힘들 것이다. 다시 말해, 모든 질병을 사회문화적 구성물로 보는 사회구성주의적 관점을 끝가지 고집하기는 어렵고, 각각의 질병들이 갖는 다양한 스펙트럼을 고려해야 할 것이다.

또 한편으로는 질병을 규정하는 문화 차이를 설명하는 데 환자가 질병을 경험하는 방식에 작용하는 문화적 영향력 못지않게 질병을 설명하고 치료법을 제시하는 의학의 구성 방식에 나타난 문화 차이도 중요한 부분이다. 대표적으로 한의학의 질병 개념은 서양의학과 다르기 때문에 분류 방식도 다르다. 이는 단순히 동일하게 주어진 자료들을 다른 방식으로 분류하고 배열한다는 의미가 아니라, 의학의 내용을 구성하는 자료들의 내용이나 규정 자체가 처음부터 다르게 설정되어 있다는 뜻이다. 20세기 초에 서양의학이 본격적으로 들어왔을 때 한의학에서는 '동서 병명 대조표'라는 것이 등장해 한동안 유행한 적이 있다. 이는 한의학에서 서양의학을 받아들이는 한 방편이기는 했으나 사실 서양의학에서 규정한 질병이 다른 이름으로 한의학에 존재한다고 보기는 어렵다. 서양의학에서 생각하는 치료가 개별적으로 정의된 질병을 대상으로 한다면, 한의학이 대상으로 삼는 것은 서양의학과 같이 비교적 경계가 분명한 질병이 아니라 환자가 느끼는 증상이기 때문이다. 따라서 서양의학의 A라는 질병과 한의학의 B라는 질병이 같은가 아닌가 하는 문제가 아니라 서양의학이 대상으로 삼는 상태와 한의학이 대상으로 삼는 상태의 존재론적 위상 자체가 다르다고 해야 할 것이다.

실체론적 질병관

이제 질병에 대한 이론들이 어떻게 변화해왔는가를 살펴보자. 원시적인 질병 이론은 실체론이라고 생각할 수 있다. 다시 말해, 밖에 있는 사악한 실체가 우리 몸 안으로 들어와 질병을 일으킨다고 생각하는 것이다. 이 경우 질병을 일으키는 원인과 원인 때문에 생기는 현상 자체를 구별할 수 없다. 즉, 몸 안으로 들어온 독은 단순히 우리 몸에 끼치는 해악의 원인이 아니라 그 자체가 해악이다. 따라서 치료는 원인인 질병 자체를 몸 안에서 없애는 것이다. 이 개념에 따르면, 몸 안으로 들어온 병이 우리 몸의 어느 부위로 가느냐에 따라 질병의 종류가 정해진다. 즉, 질병의 분류는 부위만 다를 뿐 각 질병의 본질은 같다고 보는 것이다.

또 이러한 원시적 의학에서는 질병을 흔히 벌레로 표현하는데, 벌레는 밖에서 몸 안으로 들어오기도 하고 몸 안에서 저절로 생겨나기도 한다. 이러한 개념은 바깥 침입자를 질병의 원인으로 상정한다는 점에서 19세기 후반에 등장하는 세균병

원설과 통하는 부분도 있지만 서로 관계는 없다.

또 한 가지 주목할 점은 이러한 실체로서의 질병은 강한 도덕적, 종교적 함의를 지니고 있다는 점이다. 질병은 신이 인간을 벌하기 위해 내린 징벌로 그리스 신화나 비극에서 흔히 묘사된다. 질병은 자연 질서의 한 부분이 아니라 인간사에 신들이 개입하는 대표적 사건으로 등장한다. 호메로스의 서사시에 등장하는 질병은 바로 이런 신적인 질서에 속하는 질병이다. 질병이 신적 질서에서 벗어나 자연 질서의 일부로 인식되는 것을 잘 보여주는 것은 유명한 『신성한 질병에 관하여』에서이지만, 이미 헤시오도스에서 질병은 자연의 일부로 모습을 드러내기 시작한다. 그리고 여기서 질병은 단수명사(nousos)가 아니라 복수명사(nousoi)로 나타난다.

동적질병관

초기의 실체론적 질병관에서 벗어난 새로운 질병관은 기원전 5세기 무렵 자연철학자들이 등장하면서 나타난다. 병적 실체가 있느냐 없느냐로 질병을 설명하던 것과는 달리 이들은 질병을 동적인 과정으로 파악했다. 이러한 질병관을 처음으로 이야기한 사람은 크로톤의 알크마이온이었다. 그는 다양한 성질들(온, 냉, 건, 습 등)이 평등하게 조화를 이룬 상태(isonomia)가 건강이며, 그중 어느 하나가 다른 성질들을 지배하는 상태(monarchia)를 질병으로 정의했다. 알크마이온은 정치적인 은

유를 동원해 그의 질병관을 표현했다. 유기체를 사회와 비슷한 조직으로 보고 이 둘 사이의 상관성을 주장하는 논의들은 그 뒤에도 잇달아 나타났다. 예컨대 투키디데스는 정치 사건을 의학 모델로 설명했다. 한편 이때부터 질병과 치료 과정을 전투로 묘사하기도 했다. 히포크라테스는 "의술은 질병, 환자, 의사 등 세 가지 요소로 이루어진다. 의사는 의술에 복무하는 사람이다. 환자는 의사와 협력해 질병에 맞서 싸워야 한다"라고 말했다. 사실 의학에서 전투의 은유는 고대에서 현대까지 아주 넓게 사용되고 있는데, 특히 최근에 발달한 면역학에서 다루는 외부의 침입에 대한 인체의 다양한 자기방어 기전은 거의 예외 없이 전투와 관련된 용어들로 설명된다.

질병을 설명하는 데 동적인 관점이 도입되면서 몸을 구성하는 요소들 사이의 균형과 조화를 중요하게 생각하는 이론들이 등장했다. 일부에서는 자연계를 구성하는 것과 같은 원소들로 사람 몸도 구성되어 있다고 보았다. 근원적인 원소를 무엇으로 보느냐에 대해서는 서로 의견이 달랐지만 대체로 물, 공기, 불, 흙으로 요약된다. 이 가운데 하나만을 주장한 사람도 있었고, 『히포크라테스 전집』의 하나인 「섭생에 대해」의 지은이같이 물과 불처럼 대립하는 두 원소를 받아들인 사람도 있었다. 또 엠페도클레스처럼 네 가지 원소 모두를 받아들인 사람도 있었다. 어떤 경우에는 이러한 원소들만이 아니라 이 원소들의 특징인 성질과 이들을 똑같이 생각하는 경우도 있었는데, 이럴 경우 추상성이 한층 더 높아졌다.

그런데 몇 가지 요소를 받아들이느냐에 관계없이 이러한 원소들이 직접 인체를 구성한다고 볼 수는 없고 따라서 이러한 원소들로 인체에서 일어나는 생리현상이나 병리현상을 설명할 수 없다고 생각한 의학자들도 있었다. 그들은 이들 원소보다는 더 구체적이고 인체에서 직접 확인할 수 있는 요소들로 설명할 필요가 있다고 생각했다. 그래서 주목한 것이 체액이었다.

체액으로 설명하는 경우에도 원소로 설명하는 것과 비슷한 문제에 직면했다. 그것은 사람 몸을 구성하는 체액을, 혹은 몸에서 중요한 역할을 하는 체액을 몇 가지로 볼 것인가 하는 문제였다. 여기서도 두 가지, 세 가지 혹은 네 가지 등 다양한 견해가 있었다. 『히포크라테스 전집』 안에는 이러한 다양한 견해들이 나와 있는데, 나중에는 네 가지 체액으로 점차 통일되었다. 여기서 말하는 네 가지 체액은 피, 점액, 황담즙, 흑담즙이다. 피는 체액설이 등장하기 이전에도 이미 생명을 유지하는 데 중요한 역할을 하는 것으로 인식되고 있었다. 점액은 주로 얼굴에 있는 다섯 구멍에서 나오는 액체들을 말하는데, 침이나 콧물 등 조금 끈적거리는 액체들이 여기에 해당한다고 볼 수 있다. 담즙의 경우에 황담즙은 흔히 볼 수는 없지만 사람과 동물에서 볼 수 있다. 그에 비해 흑담즙은 거의 상상 속의 체액이다. 피가 열 때문에 검게 변한 것이 흑담즙이라고 설명하기도 했다.

이 네 가지 체액은 성질과 역할이 모두 다르다. 그리고 각 체액은 네 가지 원소와 그들이 갖는 성질에 연결되었다. 체액에 기반을 둔 병리학설에 따르면, 모든 체액들이 잘 섞여 있는 상태가 건강한 상태이다. 그런데 어떤 이유로 특정한 체액이 다른 체액에서 분리되면 병적 상태가 되는 것이다. 그리고 병적 상태를 바로 잡기 위해서는 지나치게 많아진 체액을 빼내면 된다. 이 체액이론은 중세기에 이르기까지 서양의학을 지배한 중요한 의학 이론이 되었다.

한편 히포크라테스 의학에서 체액에 대한 논의가 중요한 부분을 차지하는 것은 사실이나 그 밖에도 질병 발생에 대한 다양한 논의가 있었음을 간과해서는 안 된다. 「바람에 관하여」란 글에서는 몸 안에서 만들어진 바람이 질병의 원인이라고 보았으며, 음식을 잘못 먹은 것이 질병의 원인이 되므로 적절한 섭생법이야말로 건강을 유지하는 가장 중요한 방법이라는 주장도 히포크라테스 의학의 한 특징이다. 『히포크라테스 전집』에 있는 『고대 의학에 관하여』에서는 의학의 본질은 음식을 잘 먹는 것이라고 주장했다. 아울러 「공기, 물, 장소에 관하여」에서는 사람이 사는 환경, 다시 말해 계절에 따라 부는 바람의 종류, 사람들이 마시는 물의 성질, 그리고 살고 있는 장소의 지정학적 특징이 그 지역에 거주하는 사람들의 건강에 중요한 영향을 미치며, 흔히 걸리는 질병의 종류도 그에 따라 달라진다고 했다. 이러한 주장은 18세기에 유행한 기후의학의 중요한 이론 근거가 되었으며, 19세기에 들어와 일어나기 시작한 공중보건운동에도 많은 영향을 주었다.

히포크라테스의 질병관

이제 다시 히포크라테스의 질병 개념으로 돌아가 보자. 앞서 체액의 조화가 깨지는 것이 질병의 중요한 조건이라고 말했으나 그 자체만으로 질병이 되는 것은 아니다. 오히려 결과적으로 초래된 병적인 상태로 볼 수 있다. 고대 그리스 의학에서 질병은 어떤 실체나 상태가 아니라 하나의 과정이다. 히포크라테스 의학에서 질병은 시간이 지나면서 펼쳐지는 일련의 사건으로 이해된다. 여기서 질병은 일정한 단계를 거쳐 진행되며, 각각의 병리 현상과 증상은 질병이 갖는 전체 '역사적' 구조 속에 통합될 때 의미가 있다. 질병에 나타나는 여러 증상의 강약도 이 전체 과정 속에 자리를 잡는다. 그래서 「경구」의 지은이는 "질병의 시작과 끝에는 모든 것이 미약하다. 모든 것은 질병의 절정기에 가장 강하게 나타난다"라고 말하고 있다. 그리고 치료 전략도 이 과정에 맞추어 이루어진다. 즉, 질병이 한창 맹위를 떨치는 절정기에는 개입하지 않고 증상이 약하게 나타나는 시작기에 개입하라고 충고하고 있다.

이와 함께 히포크라테스 의학에서는 질병을 유기체 전체와 관련 있는 사건으로 보는 입장과 특정 부위에 한정시킬 수 있다는 입장이 공존한다. 전자를 흔히 코스학파의 입장으로 보고 후자를 크니도스학파의 입장으로 본다. 최근에는 이런 입장 차이를 학파에 연결하는 것에 대해 의심하는 시각이 있는데, 여기서 중요한 것은 학파의 존재보다도 질병에 대한 두 가지 대립적 관점이 이미 이 시기부터 있었다는 점이다.

히포크라테스 의학의 전반적 특징은 동적인 관점에서 인체의 운용을 바라본다는 점이다. 즉, 생리적 측면을 중요하게 생각하며 이러한 생리적 균형의 파괴를 질병으로 본다. 인체는 생리학으로 설명할 수 있는 기능적 측면 말고도 해부학으로 설명해야 하는 구조적 측면이 있다. 그런데 히포크라테스 의학에서는 이 구조적 측면을 거의 무시하고 탐구하지도 않았다.

이러한 히포크라테스 의학의 부족한 측면을 보완한 것이 해부학을 발달시킨 알렉산드리아 의학이었다. 물론 알렉산드리아 의학이 해부학 지식을 크게 발전시킨 것은 사실이지만 해부학 지식이 질병 지식과 얼마나 밀접하게 결합되었는가에 대해서는 확실하게 판단할 수 없다. 다시 말해, 높은 수준의 해부학적 탐구는 인체에 대한 순수한 관심에서 이루어진 것이고 이 지식이 질병의 원인을 설명하고 치료하는 데 효과적으로 사용되지는 못했다. 그뿐 아니라 때로는 해부학 지식이 오히려 잘못된 이론을 세우는 근거로 사용되기도 했다. 알렉산드리아에서는 동맥과 정맥이 구조적으로 다른 기관이라는 사실을 알았다. 사람이 죽은 다음 혈액은 정맥으로 몰려가 거기에 저장되고 그 결과 동맥은 빈다. 시체를 해부한 뒤 관찰한 이러한 사실을 토대로 그들은 혈액은 정맥을 통해서만 흐른다고 생각했다. 또 동맥이 비어 있는 것을 관찰하고 동맥을 통해서는 프네우마pneuma(우리말로는 '생기'로 옮길 수 있다)가 흐른다고 생각했다. 결국 인체에 대한 전체적 지식이 알려지지 않은 상태에서 해부를 통해 발견한 사실은 이렇게 잘못된 이론을 만들기도 했다.

사실 체계적인 해부학 지식을 갖는 것도 쉬운 일은 아니지만 해부학 지식과 병리학 지식을 결합하는 문제는 더욱 복잡하다. 서양의학에서도 근대에 이르러 해부병리학이 발달하면서 비로소 체계적으로 결합할 수 있었다. 근대 해부학의 아버지라고 불리며 천여 년을 지속된 갈레노스의 오류를 수정한 베살리우스조차도 그가 발전시킨 새로운 해부학 지식과는 무관하게 치료할 때 여전히 전통적인 사혈법을 즐겨 썼다. 이러한 사실을 통해서도 해부학 지식이 반드시 질병의 원인 설명과 치료에 효과적으로 활용된다고 보기는 어렵다. 그것이 가능하기 위해서는 이를 연결할 다른 노력들이 필요하다.

갈레노스의 질병관

다음으로는 고대 서양의학의 집대성자인 갈레노스의 질병 이론을 살펴보자. 그의 이론은 천 년 이상 서양의학을 지배했다는 점에서 중요한 의미가 있다. 뛰어난 의학자이자 철학자인 갈레노스는 이전 시대에 비해 훨씬 세련된 질병 이론을 내놓았다. 갈레노스의 질병 개념 역시 전체적으로 정적이기보다는 동적이다. 물론 갈레노스가 동적인 질병관과 함께 구조적인 이상도 질병의 한 부류로 인정하고 있으나, 갈레노스의 질병관은 기능적인 이상에 더욱 무게를 두고 있는 것이 사실이다. 따라서 갈레노스가 정의한 질병은 신체의 어떤 기능이 제대로 작용하느냐 하는 관점에서 이루어지고 있다.

갈레노스는 신체 어느 부분의 기능(혹은 활동)에 장애가 온 것을 질병이라고 정의했다. 이 정의에 따르면, 치료 목표는 문제가 생긴 부위가 가진 원래의 활동력을 회복시키는 것이다. 그러나 갈레노스의 질병 개념이 동적이고 기능을 중심으로 하는 것이라고 해도 방법론학파의 올림피쿠스가 주장하듯이, 질병이 단순히 바람직하지 못한 상태로 변화하거나 또는 자연 상태 혹은 정상 상태에서 자연적이지 않은 상태로 전이하는 것을 의미하지는 않는다. 왜냐하면 갈레노스가 생각한 질병은 기능 차원에서의 문제만은 아니며 기본적으로 실체(ousia)적 차원의 문제이기 때문이다.

그런데 여기서 갈레노스가 말하는 실체 개념은 단순히 질병의 본질이나 실체론적 질병관, 혹은 질병의 해부병리학적 토대를 말하는 것이 아니라는 점에 주목할 필요가 있다. 갈레노스의 실체는 물질적 실체성에 국한되지 않으며 지속적으로 존재하는 모든 것을 가리킨다. 즉, 지속적으로 존재하는 물질뿐 아니라 지속적으로 존재하는 상태도 실체가 된다. 이러한 규정에 따르면 건강과 질병은 지속적인 상태이므로 실체적이다. 이처럼 갈레노스는 아리스토텔레스보다 훨씬 넓은 의미에서 실체라는 개념을 사용한다. 자기 나름의 방식으로 지속되는 모든 것은 실체성을 갖고 있다고 갈레노스는 본 것이다.

이러한 실체성의 개념에 따라 갈레노스는 병리현상을 구별했다. 먼저 그는 질병(nousos)과 질환(pathos)을 구별했다. 이 관점에 따르면, 질병은 이미 확립되어 지속적으로 존재하는 상태를 의미하고, 질환은 아직 확립되지 않고 진행 중인 병리적 상황이나 과정을 의미한다. 그런데 이러한 갈레노스의 관점은 히포크라테스 의학의 질병 개념과는 상당히 다른 모습을 보여준다. 히포크라테스 의학이 시간이 변하면서 진행되는 일련의 과정을 질병으로 보았다면, 그에 비해 갈레노스는 특별한 변화 없이 일정하게 지속되는 병리적 상태를 질병으로 보았다.

갈레노스는 질병과 혼동하기 쉬운 여러 상태들과 질병을 엄밀하게 구별했는데, 그 기준은 질병 같은 실체성을 갖는가의 여부였다. 갈레노스는 이러한 실체론적 질병 개념에 근거해 방법학파의 질병관을 비판했다. 방법학파는 의학의 이론을 아주 간소하게 만들었다. 그들은 모든 질병은 세 종류로 환원된다고 보았는데, 그것은 수축, 이완, 그리고 양자의 혼합 상태이다. 그러나 갈레노스는 방법학파들이 말하는 이 세 가지는 질병이 아니라 질병들 사이의 차이일 뿐이라고 보았다. 그 차이는 병적 상태의 한 가지 특성을 나타내는 것일 뿐이며 결코 질병은 아니다. 여기서 '차이'라는 말에 주목할 필요가 있는데, 갈레노스는 이 차이를 아리스토텔레스에서 받아들이고 있다. 아리스토텔레스에 따르면, "어떤 사물의 차이는 결코 그 사물이 어떤 존재인가를 말해주지 않는다. 그것은 다만 그 사물의 이러저러한 특성만을 알려줄 뿐이다." 이러한 관점에서 보자면 수축이나 이완은 서로 대립하는 병이 난 상태의 특성일 뿐이며 그 자체가 결코 질병은 아니다.

그러나 갈레노스가 방법학파를 비판한 내용이 반드시 정당하다고 볼 수는 없다. 왜냐하면 방법학파가 병적 상태를 세 가지로 범주화한 것은 사실이나 그들 자신이 그것을 질병이라고 부르지 않았기 때문이었다. 사실 방법학파의 의학 이론은 전통 의학 이론의 관점에서 보면 혁명적인 것이었다. 그들은 질병이라는 전통 개념이 의미가 없다고 보고 세 가지 병적 상태로 기존의 질병이라는 개념을 대체해버렸기 때문이다. 따라서세 가지 병적 상태가 질병이 아니라는 갈레노스의 지적은 타당하지만, 방법론파가 이것을 질병 개념과 똑같이 생각했다는 갈레노스의 비판은 정당한 것이 아니었다.

또 방법학파는 염증이나 종양 같은 전통적인 병리 현상의 존재를 부정하지는 않았다. 다만 그들은 실체에 근거한 병리학은 아무 쓸모가 없다고 보고 세 가지 병적 상태라는 '성질'에 근거한 새로운 병리학을 제안했던 것이다. 이러한 질적 병리학은 갈레노스의 실체적 병리학에 강하게 도전한 것이었다. 갈레노스가 방법학파에게 인신공격에 가까운 비난을 퍼부은 것은 자신의 의학을 비롯해 기존의 의학 이론을 근본부터 부정하는 그들의 이론에 일종의 위기감과 심한 적대감을 느꼈기 때문이었다.

갈레노스는 여러 가지 면에서 고대 의학을 집대성한 사람이다. 그는 히포크라테스 의학의 동적인 병리관과 체액설을 받아들였다. 그러나 다른 한편으로는 알렉산드리아 의학에서 발달한 해부학 지식도 적극 받아들였다. 그는 시대적 상황 때문에 동물 해부로 만족할 수밖에 없었지만 해부학에도 많은 공헌을 했다. 이렇게 그는 히포크라테스 의학의 전통과 알렉산드리아 의학의 전통을 종합해 자신의 의학 이론을 만들었다.

갈레노스의 질병 이론은 그 뒤 천 년 이상 서양의학을 지배했다. 특히 중세기의 의학은 온전히 갈레노스의 영향권에 있었다. 그런데 갈레노스는 워낙 많은 저작을 남겼기 때문에 그의 의학이론은 중요한 저서를 중심으로 단순화된 형태로 유통되었다. 흔히 말하는 갈레노스 의학의 독단적 성격은 이러한 상황에서 유래한다.

스콜라 의학

한 가지 주목할 점은 아랍 의학자들이 갈레노스 의학을 적극 받아들여 연구했다는 사실이다. 아랍 의학자들은 갈레노스 의학을 열심히 받아들여서 그의 방대한 저작을 아랍어로 번역했을 뿐 아니라 거기에 주석을 달고 새로운 내용을 덧붙이기도 했다. 중세 유럽 대학에서 가르친 의학은 아랍 의학자들이 해석한 고대 의학이었다. 그리고 중세의 스콜라 의학은 갈레노스의 의학과 아리스토텔레스의 자연학을 절충한 것이었다. 그래서 흔히 생각하는 것처럼 체액설에 기울어진 의학이 아니라 4원소의 성질을 중심으로 병리현상을 설명하는 측면이 강했다.

이와 함께 중세 지성계의 가장 큰 논쟁이라 할 수 있는 유명론唯名論 논쟁은 질병 이론에도 영향을 주었다. 원래 유명론 논쟁은 철학 논쟁이지만 다루는 대상은 존재 일반과 명칭과의 관계이므로 이 논쟁은 질병의 존재론적 위상을 따지는 문제와도 깊은 관련을 맺는다. 이 논쟁은 명사로 표현되는 보편자가 존재한다고 보는 실재론자와, 보편자는 명칭으로만 존재하며 실재로 존재하는 것은 개별자들뿐이라고 생각하는 유명론자들 사이에서 벌어진 논쟁이다. 이 논의를 질병에 적용해 보면 우리가 '질병'이라는 명사로 부르는 대상이 실재로 존재하는 것인지, 아니면 질병이란 하나의 명사일 뿐이며 실제로 존재하는 것은 다양한 모습으로 병을 앓는 개별자, 즉 환자들만 존재하는 것은 아닌가 하는 문제가 된다. 그리고 철학 논쟁에서 실재론자들이 우세했던 것처럼 의학에서도 질병의 객관적 존재를 인정하는 경향이 우세하게 나타났다.

대학에서 통용되는 스콜라 의학은 이론이었으나 실제 민간에서 널리 쓰이는 의학은 주술적이고 종교적인 성격이 강한 의학이었다. 즉, 질병을 악령에 사로잡히거나 신이 징벌을 내린 것이라고 보는 원시 형태의 질병관이 여전히 널리 퍼져 있었다. 이러한 관점에 따르면, 질병이란 도덕적인 잘못이나 금기를 어긴 결과다. 그리고 여기에 기독교의 '죄'에 대한 관념이 덧붙여졌다. 질병은 죄의 결과로 인식되어 고대부터 전해 내려온 정화 의식이나 악령을 쫓아내는 의식과 함께 기독교적 '고백'이 일종의 치료 수단으로 활용되었다. 이처럼 질병에 대한 설명에 도덕적이고 종교적 요소들이 강하게 개입하면서 이른바 정신적 질병과 육체적 질병 사이의 구분이 모호해졌다. 육체적 질병은 항상 정신적인 함의를 품고 있기 때문이다.

여기서 말하는 정신적인 함의란 종교의 성격을 강하게 띠고 있어 의학의 발달이라는 측면만을 놓고 말한다면 긍정적인 측면보다는 부정적인 측면이 컸다고 말할 수 있을 것이다. 그런데 학문의 발달이라는 측면만 본다면 종교, 즉 기독교의 영향은 부정적이지만 의술의 사회적인 실천이라는 또 다른 측면을 본다면 종교의 긍정적인 측면도 컸다.

성서에 나오는 선한 사마리아 사람의 비유에서 볼 수 있는 것처럼 병들고 어려운 이웃을 돕는 것은 기독교가 추구하는 인류에 대한 보편적 사랑을 실천하는 중요한 방법이었다. 그래서 사회에서 약자를 보살피는 것은 교회가 하는 중요한 사회 활동이었다. 많은 수도원과 교회에서 가난하고 병든 사람을 위해 '병원(Hospital)'을 만들었다. 여기서 '병원'이라는 단어의 뜻에 주의를 기울여야 한다. 지금은 병원에서 모든 의학 치료를 하고 있지만 당시의 병원은 치료보다는 가난하고 병든 사람들을 돌봐주는 구호소 기능이 강했다고 볼 수 있다. 당시 병원은 의학적 치료가 주된 활동은 아니었다고 하지만 빈곤과 질병은 늘 함께 따라다니고, 사람들의 영양 상태가 좋지 않았기 때문에 적당한 영양을 공급해주고 잠자리를 마련해주는 것만으로도 환자들이 많은 질병에서 회복할 수 있었다. 강력한 국가가 없었고 분권화된 봉건제도 아래의 중세 유럽에서 교회는 사회가 필요한 의료를 제공하는 중요한 사회안전망 구실을 했던 것이다.

프랑스 대혁명 뒤 왕권과 결탁한 교회 권력이 물러나고 그 자리를 세속 권력이 차지한 뒤부터는 교회 대신 국가가 이 역할을 떠맡았다. 오늘날 서유럽의 복지국가 모델은 이러한 과정을 통해 만들어진 것이다. 이러한 사회적 모델을 만들 수 있었던 것은 교회를 통해 사회의 약자를 보살피는 전통이 있었기 때문이다. 서양의 중세기는 의학이 크게 발달하지는 않았지만 서구 사회가 갖는 의료의 사회적 성격에 대한 개념이 정립되고 그 틀을 갖추기 시작했다는 점에서 의미가 크다.

파라켈수스 의학

중세에는 활발해진 동서 교역으로 아랍 세계를 통해 새로운 약재나 의학 이론들이 들어오기도 했지만 질병 개념의 큰 틀은 여전히 유지되었다. 이처럼 큰 변화 없이 유지되던 갈레노스 의학의 질병 개념은 르네상스 후기에 나타난 파라켈수스가 제시한 이론 때문에 흔들리기 시작했다. 당시에 사람들이 생각한 질병 개념은 주로 갈레노스의 체액설을 기초로 한 것으로, 특정한 체액이 많아지거나 혹은 부패해 생긴 비정상적 상태를 질병으로 규정했다. 갈레노스 의학은 지속적으로 존재하는 병적인 상태를 질병으로 규정했는데, 이러한 규정에 따르면 개인에 따라 아주 다양하게 나타나는 병적 상태는 있지만 독립적인 실체로 분류할 수 있는 질병은 존재할 수 없다.

파라켈수스는 이러한 전통 질병 개념에 반기를 들었다. 그는 질병의 원인을 몸 안의 균형과 조화가 깨진 것 때문이 아니라 바깥에서 찾았다. 그는 공기에 떠다니는 광물성 독성 물질을 질병의 원인으로 보았고, 질병은 몸 안에 특정한 자리가 있다는 생각을 했다. 체액론을 기초로 하는 의학에서 질병은 몸의 한 부위에 한정된 실체가 아니라 유기체 전체에서 일어나는 사건으로 여겨진다. 그러나 질병의 원인을 밖에서 찾는 파라켈수스는 외적 원인을 '실체'라고 불렀고, 이런 외적 원인 때문에 생기는 질병 또한 '실체'라고 불렀다. 그는 이런 외적인 실체가 몸 안에 들어와 자신의 규칙을 강요함으로써 생명체가 병들고 죽음에 이르게 된다고 보았다. 파라켈수스의 실체론적 병리관은 어찌 보면 체액설 이전의 원시적 실체론을 되풀이하는 것이지만 당대의 새로운 지식의 옷을 입고 나타난 훨씬 근대적인 이론이었다. 그는 고대 의학에서 말하는 체액이나 체질을 실체가 없는 허구로 보았다. 파라켈수스는 실체론적 병리관을 가졌으나 해부병리학 관점에 관심이 있었던 것은 아니다. 그는 질병과 몸의 관계를 알기 위해서는 몸의 해부학적 구조가 아니라 몸의 화학적 조성을 알아야 한다고 주장했다.

이러한 새로운 질병관에서 새로운 치료 전략도 나왔다. 체액설에 바탕을 둔 과거의 치료법은 병적으로 많아지고 썩은 체액을 발한이나 사혈, 구토 같은 방법을 써서 몸 밖으로 빼내는 데 초점을 맞추었다. 그러나 새로운 질병관을 기초로 한 파라켈수스의 치료법은 병적인 체액을 내보내는 것이 아니라 몸 안에 들어온 병인을 없앨 수 있는 특정한 성분을 찾는 쪽에 초점을 맞추었다. 그래서 과거의 의학이 약제를 복합해서 효과 있는 치료법을 찾으려고 노력한 것과는 달리 그는 특정한 효과를 가진 성분을 추출하고 분리하는 데 관심을 두었다. 이러한 태도에서 근대적 약물학이 태동하고 있었다.

물론 파라켈수스 의학에 근대적인 특징만 있는 것은 아니다. 그의 의학에는 신비주의적이고 형이상학적인 측면도 있다. 그는 천체와 인체 사이에 상응 관계가 존재한다고 믿었다. 그는 천상의 별들이 인간을 포함한 지상의 모든 것에 커다란 영향을 미친다고 생각했다. 사람은 말할 것도 없고 땅 위의 풀한 포기, 나무 한 그루도 별의 기운을 반영한다고 보았다. 그래서 의사는 모름지기 천체의 운행을 아는 천문학자가 되어야 한다고 주장했다.

의화학파와 의기계론자

파라켈수스의 의학 이론은 그 뒤 의학의 방향과 질병 개념을 크게 바꿔 놓았다. 이른바 의화학파(iatrochemist)와 의기계론자(iatromechanist)가 등장해 한 시대를 풍미한 사실이 이를 말해준다. 대표적인 의화학파인 반 헬몬트는 파라켈수스와 마찬가지로 질병이란 어떤 요소가 없거나 지나치게 많은 것이며 과정이 아니라 특정한 실체라고 주장했다. 그는 질병이 도덕적인 문란함이나 파라켈수스가 상정한 정신적 원리가 없어서 생긴다는 다소 관념적인 병리관을 갖고 있었으나, 결국 질병은 각 장기에서 일어나는 화학 반응 과정의 장애, 특히 발효의 장애로 나타난다고 보았다. 그리고 열이나 다른 증상들은 질병의 본질이 아니라 질병에 맞서 싸우는 유기체의 노력이 나타난 것이라고 보았다. 따라서 이러한 증상을 없애기 위해 노력하는 것은 소용없는 일이라고 주장하며 당시에 유행한 사혈이나 하제를 사용한 치료법에 반대했다. 의화학파에 속한 의학자들은 대부분 '발효'를 중요한 생리 과정으로 생각했고, 발효 과정에 이상이 생긴 것을 질병으로 보았다. 그리고 발효가 잘못되면 강한 산성이나 알칼리성 체액이 생겨 이것이 혈액 속으로 들어가 문제를 일으킨다고 주장했다. 여기에서 알 수 있는 것처럼 설명하는 방식은 달라졌으나 의화학파는 다시 체액설을 받아들였다.

의기계론자는 다시 체액설을 주장한 의화학파를 비판했다. 의기계론자는 당시 발달한 물리학의 영향으로 등장한 학파다. 내용이나 방법에서 근대 과학을 이끈 것은 물리학이었다. 그래서 다른 학문들은 물리학을 학문의 모델로 삼았는데, 의학도 예외는 아니었다. 기계적 관점에서 인체를 설명한 대표적인 사람은 데카르트다. 기계적 관점을 채택한 의학자들은 체액설을 강하게 비판했다. 혈액 순환의 원리를 발견해 인체의 기계적 원리를 옹호한 듯한 하비도 사실은 체액론을 충실히 따르고 있었다. 그들은 입자모델을 통해 인체를 기계적 관점에서 설명했다. 대표적인 의기계론자 보렐리는 원자 같은 기계적 입자로 전염병과 열을 설명했다. 그에 따르면, 혈관과 신경, 그리고 눈에 보이지 않는 구멍들이 기계적인 입자들이 통과하며 운동하는 통로이다. 건강이란 이 입자들이 아무런 방해를 받지 않고 이 통로를 자유롭게 왕래하며 운동하는 것이고, 질병은 어떠한 이유로 이 통로가 막혀 입자들의 흐름에 장애가 생긴 것이다.

이 이론의 개요를 통해 금방 알아차릴 수 있는 것처럼 의기계론자들의 이론은 고대에 유행한 원자론적 의학, 즉 방법론 학파 이론이 부활한 것이다. 그러나 이는 고대 의학 이론을 단순히 되풀이하는 것은 아니었다. 그들은 당대에 이루어진 의학 발전의 성과들을 자신들의 이론에 통합했다. 하비의 혈액 순환 발견이나 현미경으로 발견한 미세구조들도 그들의 주장을 뒷받침하는 근거로 사용되었다. 즉, 혈액 순환을 기계적 모델로 새롭게 해석한 것은 하비가 아니라 바로 이들이었다. 그런데 의화학파건 의기계론자들이건 그들은 화학과 물리학을 의학에 도입해 인체에서 일어나는 질병 현상을 설명하고자 했다. 그리고 이러한 시도는 결국 화학과 물리학에서 보이는 것처럼 우리 눈에 다양하게 나타나는 모든 현상을 포괄적으로 설명할 수 있는 하나의 보편 법칙을 발견하고자 한 것이다. 그들은 의학도 물리학처럼 엄밀한 법칙의 지배를 받는 과학이 되기를 소망했다. 이러한 소망은 하나의 이론 체계를 통해 유기체에서 일어나는 다양한 생리현상과 병리현상을 일관성 있게 설명하고자 했던 고대 의학자들의 열망과 같은 것이다. 그러나 이러한 보편적 이론에 대한 요구가 생기자 다시 의학 내부에서 반발이 일어났다.

시드넘 의학

의학의 역사를 살펴보면 의학이나 질병의 본질에 대해 다양한 입장들이 나타나지만 비슷한 사유의 형식들이 되풀이해서 나타나는 것을 볼 수 있다. 예컨대 우리는 이미 서양 고대 의학 역사에서 연역적 이론 체계를 중요하게 생각하는 의학이 득세하면 그에 대한 반작용으로 경험을 중요하게 생각하는 의학이 등장하는 것을 살펴본 바 있다. 또한 이와 거의 같은 모습을 근대 의학에서도 볼 수 있다. 즉, 당대에 발달한 화학과 물리학을 의학에 도입한 의화학자와 의기계론자들이 나타나자 임상 경험이 의학의 본령이라고 주장하는 세력이 뒤이어 나타났다. 이러한 주장을 대변하는 의사가 토마스 시드넘Thomas Sydenham(1624~1689)이다. 그는 질병의 본질을 어떤 보편적 원리에서 추론해내거나 그것을 물리적 혹은 화학적 과정으로 환원하려는 당대의 시도들을 쓸데없는 것으로 보았다. 그는 철저하게 임상가로서 질병에 접근했다. 그는 질병이란 일련의 증상들이 모인 것이라고 보았다. 시드넘은 영국의 히포크라테스라는 별명을 얻을 정도로 히포크라테스 의학 정신에 충실했다. 그러나 시드넘이 단순히 히포크라테스 의학을 되풀이한 것은 아니었다. 물론 그가 어떤 측면에서 히포크라테스 의학을 계승한 것은 사실이나 또 다른 측면에서는, 특히 질병 개념에 대해서는 히포크라테스 의학과 전혀 다른 생각을 갖고 있었다.

시드넘이 히포크라테스 의학을 계승한 점은 질병을 정확하게 관찰하고 기술할 것을 강조한 부분이다. 『히포크라테스 전집』 중 「유행병」이란 이름이 붙은 일련의 저작에는 환자들의 임상 경과를 자세하게 관찰한 기록이 있는데, 이는 히포크라테스 의학의 방법을 잘 나타낸 것으로 평가받는다. 시드넘은 히포크라테스 의학의 이러한 방법을 이어받아 환자의 상태를 자세하게 관찰해서 기록했다. 특히 통풍에 대해 놀라울 정도로 자세한 관찰 기록을 남겼다.

왜 시드넘은 환자가 겪는 질병의 경과를 정확히 관찰하고 자세하게 기록했을까? 물론 환자를 치료하기 위해서였지만, 이런 관찰이 치료와 연결되지 않는 경우도 있다. 실제로 『유행병』을 읽을 때 놀라운 점은 지은이가 환자의 경과를 자세하게 기록하고 있지만 실제로 의사가 질병을 치료하기 위해 개입한 내용은 전혀 없다는 사실이다. 그것은 당시에 효과적인 치료법이 없었기 때문일 것이다. 시드넘이 활동했던 시대에도 효과적인 치료법은 아직 개발되지 않았다. 그런데도 시드넘이 그토록 열심히 환자를 관찰한 이유는 질병을 앓는 환자에게서 그가 찾고자 하는 임상적 실체를 분리하고 규정하기 위해서였다. 그는 생물학자가 자연계에 존재하는 식물이나 동물을 보고 형태의 특징을 면밀히 비교하고 분석해 그 생명체의 종을 바르게 정하는 것과 마찬가지로, 질병의 종을 확인하고 알아내기 위해 환자를 엄밀하게 관찰했던 것이다. 그는 보편적인 종이 존재하고 그것이 자연계 속에서 다양한 개체들로 나타나는 것과 마찬가지 방식으로 질병에도 보편적인 종이 존재하고 그것이 개별적 인간에서 표현된다고 생각했다. 그리고 식물이나 동물의 종을 형태학적 특징으로 분류하는 것과 같이 질병의 종류도 외형의 특징을 비교하고 분석하면 확인할 수 있다고 보았다. 이러한 생각에 따르면, 진단이란 겉으로 드러나는 다양한 특징들 가운데 질병의 종류의 본질을 추출해내는 과정이다.

물론 이전에도 질병의 본질에 대한 개념은 존재했다. 그러나 이때는 질병의 본질이란 단일한 것이었고, 단일한 본질이 표현되는 위치나 경우에 따라 질병이 다양한 모습으로 나타난다고 생각했다. 그런데 시드넘은 질병의 본질이 존재한다고 생각한 점에서는 비슷하지만 본질 개념이 조금 다르다. 시드넘은 하나의 본질(유적 본질)이 다양한 질병으로 표현되는 것이 아니라 개별적인 질병에는 그 질병의 원형에 해당하는 좀 더 작은 단위의 본질(종적 본질)이 존재한다고 생각했다. 동물을 예로 들면 지구상에 존재하는 다양한 동물들은 '동물'이라는 하나의 본질을 표현한 것이 아니라 개, 고양이, 사자 등과 같이 다양한 종들이 존재하고 실재로 살아 있는 동물들은 그러한 종을 각자의 본질로 한다는 것이다. 따라서 질병의 본질을 알아내기 위해서는 환자에게 나타나는 다양한 증상 가운데서 본질로 나타나는 증상과 우연히 나타나는 증상을 가려내야 한다. 그리고 의사는 우연히 나타나는 증상을 보고 헷갈리지 않고 질병의 본질을 알아내야 한다. 이러한 질병 개념에 따르면, 개인은 보편자인 질병의 종을 운반하는 존재일 뿐이다.

시드넘이 주장한 종적 질병 개념은 사실 히포크라테스의 질병 개념과는 상당한 거리가 있다. 그런데도 시드넘을 영국의 히포크라테스라고 부르는 것은 그가 히포크라테스 의학의 어떤 면들을 충실히 계승했기 때문이다. 그중 하나가 인체의 자연 치유력에 대한 믿음이었다. 시드넘은 환자를 회복시키기 위한 자연의 노력을 질병이라고 보았다. 자연은 유기체가 겪는 장애를 극복하기 위해 노력한다. 유기체는 질병에 맞서 싸우는 것이 아니라 이 싸움 자체가 질병이라고 보는 것이다.

분류의학

시드넘 이후 한동안 동식물 분류의 모델을 의학에 적용해 질병 분류에 몰두한 분류의학의 시대가 왔다. 그런데 이런 경향은 단순히 분류학의 영향이라고 보기는 어렵다. 왜냐하면 실제로 동식물을 분류하는 작업을 앞장서서 한 사람들이 의사였기 때문이다. 의사들이 생물, 특히 식물 분류에 관심을 가진 이유는 다음과 같다. 20세기 이후 화학을 이용해 조제한 약품들이 생산되기 이전에는 서양의학도 한의학과 마찬가지로 자연에서 얻을 수 있는 생약을 치료제로 사용했다(말라리아의 특효약인 키니네나 탁월한 해열제인 아스피린도 모두 나무껍질을 원료로 만든 것이다). 그래서 의과대학의 교육 과정에도 약초로 사용되는 식물에 대한 강의를 했고, 의사들은 실제로 이런 약초들을 구별할 줄 알아야 했다. 그리고 이러한 지식을 교육하기 위해 의과대학에는 식물원이나 약초원을 만들었다. 식물분류학도 사실은 이러한 과정에서 발달했다. 식물분류학의 아버지라고 불리는 린네Carl von Linné(1707~1778)는 원래 의사였는데, 약초 분류에 대한 연구를 하다가 결국은 식물분류학의 토대를 마련했다.

시드넘 이후 시작된 분류의학 유행은 19세기 중반까지 이어졌다. 18~19세기에 질병 분류에 대한 책을 쓴 사람들과 그들의 분류 체계를 여기서 모두 설명할 필요는 없지만 다음에 설명하는 경우는 주목할 필요가 있다. 우선 몽펠리에 의과대학에 기반을 둔 생기론의 대표자 중 한 사람인 소바주François Boissier de Sauvages는 증상에 중심을 둔 질병 분류 체계를 만들었다. 그는 질병을 모두 10개의 범주, 2,400여 개로 분류한 방대한 체계를 만들었다. 소바주는 주로 임상 기준을 채택해 질병을 분류했는데, 단순한 증상들 하나하나가 하나의 질병으로 분류되기도 했기 때문이다.

이처럼 초기에 유행한 질병분류학이 임상적 측면을 분류의 주요 기준으로 채택했다면, 후기의 질병분류학은 임상적 기준

말고도 해부학적 구조의 변화나 화학적 특징까지도 분류 기준으로 채택했다.

이러한 경향을 대표하는 의학자가 피넬Philippe Pinel(1745~1826)이었다. 피넬은 인간답지 못한 대우를 받고 있던 정신질환자의 인권에 깊은 관심을 가지고 정신질환자들의 족쇄를 풀어준 정신의학의 개혁자로 널리 알려져 있지만 질병분류학의 역사에서도 중요한 위치를 차지하고 있다. 피넬은 질병들을 크게 여섯 부류로 나누고, 임상적 특징과 해부병리학적 특성을 함께 고려해 질병의 분류표를 만들었다. 피넬 이후에도 19세기 중엽까지 여전히 많은 의학자들이 질병분류학에 매달렸다. 그러나 그들은 점차 그들이 모델로 생각해온 생물계의 분류 작업과 같은 원칙을 질병 분류에 적용할 수도 없고 따라서 기대한 결과를 얻을 수도 없다는 점을 깨달았다. 질병은 자연계에 '자연으로' 존재하는 생명체와는 다른 존재론적 특징을 갖고 있다는 점을 깨달으면서 질병분류학에 대한 열정도 점차 식었다.

물론 오늘날 의학에서도 질병을 분류하는 일은 중요하다. 그러나 그것은 18~19세기의 의사들이 질병분류학에 부여했던 중요성과는 다른 의미에서다. 그들과는 달리 현대 의학자들은 모든 질병들을 하나의 체계 안에 질서정연하게 위치를 정하는 일에 별로 관심도 없고 필요성도 느끼지 못한다(오늘날 질병의 전체 분류 체계에 관심이 있는 사람들은 의사보다는 의무기록사나 의료보험관리공단에서 보험 심사를 위해 질병코드를 참고해야 하는 직원들일 것이다). 그리고 오늘날 이루어지고 있는 질병의 분류는 질병이 갖고 있는 자연적 특징 이외에 치료 방침이나 예후도 분류하는 데 중요한 기준이 된다.

한편 DSM처럼 몇 년마다 개정되어 나오는 정신질환 분류 체계는 질병의 분류가 '자연적' 실체에 근거를 두기보다는 문화적 가치와 밀접한 관계를 갖고 있다는 사실을 잘 말해준다. 한때는 동성애가 질병으로 분류되다가 지금은 분류 체계에서 빠진 사실이 좋은 예가 될 것이다.

해부병리학적 질병관

이제 우리는 근대 의학뿐 아니라 현대 의학에서도 여전히 중요한 이론 토대가 되고 있는 해부병리학적 질병관에 대해 말하고자 한다. 우리는 르네상스 이래 서양의학에서 해부학이 중요한 분야로 등장했음을 잘 알고 있다. 지금도 서양의학과 동양의학을 구별하는 가장 큰 차이점이 바로 해부학의 발달이라는 점에는 누구나 동의하고 있다. 그러나 인체 구조에 대한 엄밀한 지식인 해부학이 인간이 다양한 형태로 겪는 질병을 설명하는 토대로 자리 잡는 과정은 흔히 생각하듯이 자연스럽게 이루어진 것은 아니다. 다양한 증상들을 해부학적 구조의 문제와 연결하기 위해서는 많은 노력이 필요했다. 르네상스 이후 발달하기 시작한 해부학은 무엇보다도 정상적인 인간 몸의 구조를 알기 위한 열망에서 시작되었다. 물론 이 시기에도 부검을 했으나 해부학적 구조 이상과 질병의 관계를 밝히기 위해서가 아니라 주로 급사한 원인을 밝히기 위해서였다. 베살리우스도 시체를 해부하는 과정에서 여러 가지 구조적 이상을 발견하기는 했으나 이것을 임상으로 연결할 생각은 하지 않았다.

임상과 해부학을 연결하려는 체계적인 시도는 이탈리아의 의학자 모르가니Giovanni Battista Morgagni(1682~1771)가 처음 시작했다고 할 수 있다. 그는 1761년에 『질병의 자리와 원인에 대해』라는 해부병리학의 고전을 출판했다. 이 책은 수십 년에 걸친 임상 관찰과 해부병리학을 연구한 결과였다. 그는 여기서 그가 진료한 환자들에 대한 자세한 정보들과 죽은 뒤에 실시한 부검에서 얻은 소견들을 연결하려고 했다. 사실 인체의 정확한 구조를 파악하기 위해서는 시체를 해부하는 것으로 충분하지만 그것만으로 질병과 해부학적 구조의 병리적 변화를 연결하기는 어렵다. 즉, 자신이 지금 해부하고 있는 사람이 살아 있을 때 어떤 질병을 앓았는지를 알고 있어야만 인체의 병리적 변화와 증상을 연결할 수 있기 때문이다. 모르가니는 부검을 하면서 늘 죽음의 원인을 찾기 위해 노력했다. 그리고 죽기 직전에 있는 환자의 증상을 정확하게 기록하려고 했다. 하지만 모르가니가 이렇게 열심히 노력했지만 죽음의 원인을 찾는 일은 쉽지 않았다. 더구나 그가 부검한 시체에서 관찰한 병리적 변화들이 죽음의 원인인지, 아니면 그 결과로 사후에 나타난 것인지를 구별하기는 쉽지 않았다. 또 사람의 장기에서만 질병의 원인을 찾으려고 한 모르가니의 병리학은 당대에 이미 일어나고 있던 의학의 발전을 고려하지 않은 조금 시대에 뒤떨어진 것이었다.

모르가니 이후에도 유럽 여러 나라의 의사들은 아주 작은 병변과 임상 증상을 연결하려고 다양한 시도를 했다. 그런 와중에 이러한 시도가 결실을 맺을 수 있는 사건이 일어났다. 바로 프랑스 대혁명이었다. 프랑스 대혁명은 정치적인 혁명이었지만 단순히 정치에만 영향을 주지 않았다. 왕정에서 공화정으로 이행할 수 있게 만든 사유의 전환은 유럽의 지성사에도 깊은 영향을 미쳤고, 의학도 예외는 아니었다. 프랑스 대혁명이 의학에 미친 영향은 다양한 모습으로 나타났지만 그 가운데서도 가장 중요하게 꼽을 있는 것이 내과와 외과를 '의학'이라는 이름 아래 통합한 것이다. 사실 이전까지 서양의학에서 내과와 외과는 별개의 분야로 발전해왔다. 그리고 내과의사와 외과의사는 사회 계층 자체가 달랐다. 대학 의학부를 졸업한 내과의사는 사회에서 높은 지위였다. 그에 반해 뼈와 살을 자르고 째며 피를 보는 외과는 천한 일로 여겨져 처음에는 이발사들이 간단한 외과수술을 했다. 물론 나중에는 외과의사와 이발사가 나누어지기는 했지만 내과의사에 비해 상대적으로 낮은 지위였다. 그리고 외과의사를 양성하는 교육기관은 따로 있었다. 그러나 혁명 이후 사정이 완전히 바뀌었다. 혁명정부는 내과의사를 양성하는 기관과 외과의사를 양성하는 기관을 하나로 통합했고, 그 결과 내과와 외과가 하나의 의학으로 통합될 수 있었다. 그리고 이러한 제도의 통일은 학문 내용에도 큰 영향을 미쳤다. 인체의 구조를 중요하게 생각하는 외과적 관점과 임상의 증상을 중요하게 보는 내과적 관점이 결합해 해부병리학이 비로소 임상에 통합될 수 있는 계기가 마련된 것이다.

이러한 의학 발전을 대표하는 의학자가 비샤François Xavier Bichat(1771~1802)다. 비샤는 파리의 오텔 디유 병원의 유명한 외과의사 드소의 조수로 수술과 부검을 많이 한 경험이 있었다. 그리고 위에서 말한 바와 같이 내과와 외과가 융합하는 분위기에서 그는 질병에 대한 새로운 관점을 발전시켰다. 비샤는 장기가 서로 다른 조직으로 구성되어 있고 각 장기를 구성하는 조직들은 여러 장기에 공통으로 존재하고 있다는 사실에 주목했다. 모르가니가 각 장기에 관심이 있었다면 비샤는 각 장기에 공통으로 존재하는 조직에 관심이 있었다. 이러한 관심의 이동은 인체를 훨씬 체계적으로 볼 수 있는 계기를 마련해주었다.

사실 비샤는 몽펠리에 생기론에 많은 영향을 받았다. 그는 조직에 초점을 맞춘 새로운 해부병리학 관점을 도입하면서도 어느 한 부분이 아닌 생명체 전체의 운영에 대한 거시적 관점을 놓치지 않았다. 그래서 비샤는 질병이란 각 조직이 타고난 성질이 변하면서 유기체가 표현하는 현상이며, 건강은 조직에 가득한 생기가 균형을 유지하는 것이라고 보았다. 그는 조직이 갖는 감수성이 외적 혹은 내적인 자극으로 손상되어 초래된 조직의 변성이 임상 증상으로 표현된다고 보았다. 그런데 비샤는 때 이른 죽음을 맞이해 그의 생각들이 결실을 맺지 못하고 말았다.

해부병리학적 관점과 임상의 진정한 결합은 청진기의 발명자로 유명한 라에네크Théophile René Raennec(1781~1826)가 이루어냈다. 라에네크 이전에도 해부병리학과 임상을 연결하려는 시도가 꾸준히 있었지만 만족할 만한 성공을 거두지 못한 이유는 무엇일까? 그것은 살아 있는 사람이 보이는 임상 증상과 그 사람이 죽은 뒤 부검을 통해 드러나는 병변 사이에 존재하는 시간 지연 때문이다. 살아 있는 생명체가 표현하는 증상의 원인을 시체에서 어떻게 찾을 수 있겠는가? 양자 사이의 간극은 삶과 죽음 사이의 간극만큼이나 근본적인 것이었다. 결국 이런 간극을 극복하기 위해서는 유기체가 표현하는 증상을 통해 시간 지연 없이 유기체의 몸속에서 지금 일어나는 병적 변화를 알 수 있어야 한다. 그가 발명한 청진기는 바로 살아 있는 유기체 안에서 일어난 변화를 알 수 있게 해주는 도구였다. 우리는 청진기로 살아 있는 유기체가 보내는 정보를 받아 유기체 안에서 일어나고 있는 변화를 알 수 있게 된 것이다. 따라서 청진기의 발명은 단순히 새로운 의료 기구를 발견한 것이 아니었다. 라에네크는 이전에 많은 의학자들이 시도했지만 만족할 만한 결과를 얻지 못한 해부학과 임상의 연결이라는 위대한 과업을 이루어낸 것이다.

정상적인 것과 병적인 것

위에서 우리는 질병 개념과 이를 설명하기 위해 어떤 시도가 있었는가를 사상사의 관점에서 살펴보았다. 질병에 대한 다양한 정의와 개념들을 살펴본 끝에 우리는 다시 한번 질병에 대한 근본적인 질문에 직면한다. '질병이란 무엇인가?'라는 질문은 단순히 의학 문제를 묻는 것이 아니라 우리가 무엇을 질병이라고 판단하고 무엇을 그렇지 않은 것으로 판단하는가에 대한 근원적 물음이다. 이른바 정상적인 것과 병적인 것을 나누는 기준에 대한 문제이다.

프랑스의 의철학자醫哲學者 캉길렘은 정상과 병리의 관계, 그리고 이들을 나누는 기준이 되는 생명체의 규범을 의학 이론 구성의 근본 문제로 보았다. 그는 이 문제를 다룬 자신의 저서 『정상과 병리』에서 정상과 병리 사이의 관계가 서양 근대 의학에서 나타나는 방식을 제시했다. 이 책에 따르면 정상과 병리 사이에는 두 가지 관계 유형이 존재한다. 하나는 정상과 병리를 연속한 것으로 보는 입장이다. 이 입장에 따르면, 정상과 병리는 연속한 하나의 스펙트럼 위에 있으며 그 차이는 양이 많고 적음 혹은 강약의 차이다. 다시 말해, 정상 상태가 지나치거나 부족할 때 질병이 된다는 것이다. 이러한 생각은 병리학을 생리학의 연장으로 본 근대 생리학의 아버지 클로드 베르나르가 잘 보여주고 있다. 그는 "모든 질병은 그에 상응하는 정상 기능이 있다. 질병은 (정상 기능이) 혼란되고 과

장되고 축소되고 없어진 것을 표현한 것이다. 오늘날 우리가 질병의 모든 현상을 설명할 수 없다면 그것은 생리학이 충분히 발달하지 않았기 때문이다. 우리에게 알려지지 않은 무수한 정상 기능들이 아직도 존재한다"고 주장했다. 이 주장에 따르면 모든 질병은 정상 기능으로 설명할 수 있으며, 병리학은 정상 상태를 다루는 학문인 생리학에 종속된다. 질병은 정상 기능에 장애가 생긴 상태로 정의할 수 있기 때문이다. 따라서 "합리적 치료는 과학적 병리학으로만 할 수 있고, 과학적 병리학은 과학적 생리학에 근거를 두어야 한다"는 주장이 성립된다.

그러나 이와는 다른 방식으로 정상과 병리의 관계를 바라볼 수도 있다. 여기서는 앞의 경우와는 달리 병리학이 생리학에 종속되는 것이 아니라 생리학이 병리학에 종속된다. 병리학과 생리학의 앞뒤 관계를 따진다면 논리적으로는 생리학이 병리학보다 앞서지만 실제로는 병리학이 생리학보다 앞선다. 우리는 교육 효과를 위해 생리학을 병리학의 앞에 놓고 병리 현상을 생리적 기능 이상의 결과로 제시한다. 의학 교육은 정상인 인간에 대한 해부학과 생리학으로 시작하며 그로부터 병리적 상태의 이유를 추론해낸다. 그런데 논리적으로는 타당한 이러한 앞뒤 관계는 사실 관계를 왜곡한다. 우리가 알고 있는 생리적 기능은 대부분 앞서 나타나는 병리적 현상을 통해 나중에 유추된 것이기 때문이다. 이것만이 아니다. 병리 상태는 정상 상태가 아닌 것을 표현하는 소극적 상태가 아니다. 그것은 또 다른 방식의 적극적 존재 양태이다. 그리고 어떤 상태를 병리 상태로 규정하는 데에는 가치가 개입하며, 가치 규범이 개입하면 객관적 병리학이 불가능해진다. 우리는 객관적으로 어떠한 구조나 행동들을 서술할 수는 있지만 어떠한 순수한 객관적인 기준에 대해 확신하면서 그것이 병리적이라고 말할 수는 없다. 병리적 상태, 다시 말해 질병은 유기체 각자가 감내하고 살아가야 할 주관적 상황이기 때문이다.

질병을 주관적 상황이라고 말하는 이유는 거기에 가치의 문제가 개입되기 때문이다. 질병을 주관적인 것이라고 말했을 때 오해하지 말아야 할 것은 질병 자체에 객관적인 물질적 요소가 없다거나 이를 무시해도 좋다는 뜻은 아니다. 다만 물질적 요인들이 조합해서 일어난 사태는 그 자체로 분명한 의미를 가지는 것이 아니라 질병에 걸린 당사자나 그 주위 사람들에 의해 해석되며, 그 해석에는 가치가 필연적으로 개입된다는 점을 말하고자 하는 것이다.

교통사고를 예로 들어보자. 교통사고를 물리적으로만 묘사하자면 차와 차가 충돌한 것이다. 우리는 물리학의 도움을 받아 충돌 당시의 물리적 조건들을 계산할 수 있다. 그런데 우리가 아무리 충돌한 조건들을 자세히 밝혀낸다고 하더라도 단순히 물체와 물체의 충돌만으로는 '사고'라고 규정할 수 없다. 차와 차가 충돌해서 사고가 되는 이유는 충돌한 결과 차에 타고 있던 사람이 상처를 입거나 생명을 잃을 수도 있기 때문이며, 또한 차가 망가져 손해를 입기 때문이다. 이처럼 생명과

재산의 손실이라는 가치가 개입되면서 충돌은 사고가 된다. 질병도 마찬가지이다. 우리는 병리적 상태의 객관적 조건들을 충분히 자세하게 기술할 수 있다. 그러나 그것만으로 질병을 규정할 수 없다. 질병은 개별 유기체에게 각각 다른 의미와 가치를 갖는 사태이기 때문이다.

생명이란 무엇인가

위에서 우리는 '질병이란 무엇인가?'라는 물음에 대한 해답을 의학사에 나타난 여러 사례들을 통해 모색해 보았다. 그런데 우리는 이 질문이 성립할 수 있는 전제 조건에 대해서는 말하지 않았다. 그 조건이란 질병은 생명체에게만 일어나는 사건이라는 점이다. 병리학은 질병의 자리를 기관에서 조직으로, 조직에서 세포로 그리고 오늘날에는 세포에서 분자까지 내려오게 만들었다. 그런데 질병이 아무리 분자 수준에서 일어나는 구조 이상이나 메커니즘의 장애로 설명된다 해도 질병을 앓는 주체는 인간이지 분자가 아니다.

그렇다면 분자들의 모임이 생명을 갖기 시작하는 지점은 어디일까? 물론 여기서 생명의 기원을 다루려고 하는 것은 아니다. 그러나 한 가지 분명한 사실은 분자들이 모여서 '생명'을 갖는 순간, 그 생명체는 질병을 앓을 수도 있다는 사실이다. 결국 질병을 앓을 수 있느냐 없느냐는 생명이 있는 존재와 없는 존재를 나누는 중요한 기준이 된다. 따라서 질병의 문제는 생명의 문제와 분리될 수 없다.

오늘날 생명 문제는 우리에게 새로운 도전으로 다가온다. 역사상 어느 시기보다 인간의 수명이 길어졌지만 역설적으로 인간을 비롯한 생명체 전체가 생명을 위협하는 환경에 둘러싸여 있다. 이 역설을 설명하기 전에 우리는 먼저 '생명이 무엇인가?'라는 근본적 질문을 던져야 한다. 이 물음은 인간을 포함한 다양한 존재자들과 그들 사이의 관계, 그리고 그들이 살고 있는 이 세계와 관련이 있는 복합적이고 본질적인 질문이다. 따라서 이것은 철학과 과학, 종교, 예술에 모두 해당되는 질문이기도 하다.

그러나 여기서는 주로 생물학과 의학에서 생명 개념이 전개된 과정을 다루고자 한다. 의학에서 바라본 생명의 문제로 범위를 정해놓아도 그리 간단하지는 않다. 어느 시대, 어느 문화권의 의학이냐, 누구의 의학이냐에 따라 생명 개념이 모두 다르기 때문이다.

이 글에서는 고대에서 현대에 이르는 동안 서양의학에서 바라본 생명 개념의 변화를 간략히 살펴보고, '생명이 무엇인가?'라는 질문이 오늘날 의학에서 다시 제기되는 의미를 생각해보고자 한다.

서양 고대 의학의 생명관

　의학은 생명을 가진 존재인 인간을 대상으로 하는 학문이다. 그런데 역사를 통해 볼 때 생명이 무엇인가에 대한 성찰은 의학이 아니라 철학에서 시작되었다.

　서양의학의 출발점이라 할 수 있는 『히포크라테스 전집』에서는 생명 자체에 대한 언급을 찾아보기 어렵다. 이 물음이 히포크라테스 의학의 주된 관심이 아니었다는 사실은 에로티아누스가 기원후 1세기에 쓴 『히포크라테스 의학 용어사전』에 '생명'에 해당하는 말인 'bios'와 'zoē'가 들어 있지 않다는 사실에서도 확인할 수 있다. 물론 드물게는 『섭생론』과 같은 글에서 생명과 죽음을 자연 과정에 비유해 설명해놓은 것을 볼 수도 있다. 그러나 이 글이 헤라클레이토스나 엠페도클레스 같은 자연철학자의 영향을 강하게 받은 것이라는 사실을 고려하면, 생명이 무엇인가라는 본질적 물음은 의사보다는 오히려 철학자의 몫이었던 것 같다.

　아리스토텔레스는 생명을 다음과 같이 정의하고 있다. "자연계에 있는 존재들 가운데 생명이 있는 것도 있고 없는 것도 있다. 우리는 생명을 스스로 영양을 공급하고 자라나고 사라지는 것으로 이해한다." 아리스토텔레스에게 생명은 존재를 살아 있는 것으로 만드는 프쉬케psycheē나 프네우마pneuma와 거의 같은 개념이었다. 특히 그는 『동물운동론』에서 모든 살아 있는 동물에게는 '선천적 프네우마(sumphuton pneuma)'가 있으며 동물은 여기에서 힘을 얻고, 모든 생명 활동이 비롯되는 것으로 보고 있다.

그런데 아리스토텔레스가 개별 생명체를 유지하는 제한된 역할을 한다고 본 프네우마는 스토아철학에서 우주 전체를 관통하는 원리로 확대된다. 또한 다양한 수준의 존재자들을 결합하는 원리로 작동한다. 존재자들의 위계는 세 단계로 나뉘는데, 각 단계에 상응하는 프네우마가 존재한다. 먼저 물질적 차원에서 작동하는 프네우마(pneuma hektikon)는 물질이 계속 존재할 수 있게 만드는 결합의 원리로 작용하며, 다음 단계에서 작용하는 프네우마(pneuma physikon)는 식물과 동물을 성장하게 만들며, 마지막 단계의 프네우마(pneuma psychion)는 동물이 지각하고 운동할 수 있게 만든다.

한편 스토아철학의 프네우마 개념을 기반으로 하는 프네우마학파가 출현했다. 프네우마학파는 스토아학파의 프네우마 개념을 받아들이면서 그것을 의학에 적용하는 과정에서 적지 않은 변화를 일으켰다. 먼저 스토아철학에서 프네우마는 원리로서 존재한다. 특히 프네우마는 사람을 비롯한 생명체가 생명을 가질 수 있게 만드는 생명의 원리이며, 몸의 중심인 심장에 자리 잡고 있어 몸 전체를 지배하는 것으로 이해한다. 반면 프네우마학파에서는 스토아철학에서와는 달리 프네우마가 탈중심화(decentralization)되며, 심장 같은 특정 부위에만 존재하는 것이 아니라 몸 곳곳에 흩어져서 존재하며, 각 부분이 고유한 기능을 할 수 있도록 만든다.

스토아학파와 프네우마학파를 구별하는 또 한 가지 큰 특징이 있다. 바로 스토아학파가 프네우마를 우주의 보편 원리로 보는 반면, 프네우마학파는 우주적 차원의 설명에는 관심이 없고 탐구의 범위를 오로지 생명체, 특히 인간에 한정시킨다는 점이다. 이러한 차이는 어떤 문제에 접근하는 의학과 철학의 기본 입장이 다르기 때문에 생긴다.

역사를 통해 볼 때 의학 내부에서는 당대의 철학적 도그마를 의학에 적극 받아들이려는 움직임과 이에 반대해 의학의 자율성을 옹호하는 두 흐름이 늘 있었다. 생명을 바라보는 관점도 마찬가지다. 철학은 생명을 일종의 원리나 본질로 만들려고 하지만, 의학은 치료하는 데 필요 없는 가설은 거부하고 생명을 현상 차원에서만 인정하려는 모습을 보인다. 이처럼 도그마에 반대하는 의학적 태도는 고대 회의주의가 성립하는 데에도 많은 영향을 주었다.

그런데 프네우마와 함께 생명의 근원으로 여겨진 것은 '타고난 열'이었다. '타고난 열(emphuton thermon)'은 '타고난(emphuton)'이라는 수식어가 말해주듯이 사람이 태어날 때부터 갖고 있는 열이다. 이 열은 사람이 평생 사용하는 에너지와 같다. 갓 태어난 아기는 가장 많은 열을 가지고 있지만 나이가 들면서 타고난 열은 점차 줄어든다. 그래서 노인이 되면 몸이 차가워지고, 열이 완전히 식으면 죽음이 찾아온다.

아리스토텔레스도 타고난 열에 대해 같은 생각을 했다. 그는 동물은 온몸에 타고난 열이 있으며, 열의 근원은 심장이라고 생각했다. 그래서 팔다리가 차갑게 식더라도 심장에 열이 남아 있으면 생명이 유지되며 이것이 꺼지면 죽는 것이라고 보았다. 따라서 생명은 반드시 열이 유지되는 상태이며, 죽음이란 열이 유지되지 않는 상태를 말한다. 그리고 아리스토텔레스는 타고난 열이 생명체의 기능과 관련해서 더 구체적인 역할을 한다고 보았다. 그는 열을 생명체와 비생명체, 즉 물질 세계 전체의 구성과 유지 그리고 해체를 설명하는 원리로 넓게 사용했다.

먼저 아리스토텔레스는 열을 물질세계에 형상을 만드는 원인으로 보았다. 이러한 역할은 생식 과정을 설명한 부분에서 분명하게 나타난다. 잘 알려진 바와 같이 아리스토텔레스는 남성의 정액이 여성의 생리혈에 작용해 아버지를 닮은 자식이 태어난다고 생각했다. 이렇게 되기 위해서는 정액이 충분한 열을 갖고 있어서 상대적으로 차가운 여성의 생리혈을 제어할 수 있어야 한다. 그는 열이 많으면 아버지를 빼닮은 자식이 태어나고, 열이 적으면 별로 닮지 않은 자식이 태어난다고 생각했다. 이처럼 열은 형상인으로 작용해 개체를 구성할 뿐 아니라 생식을 통해 전달된 종의 형상을 유지시키는 원리가 된다. 즉, 열이 종의 성격과 특징을 영원히 유지시키는 것이다.

다음으로 타고난 열은 자연계에서 생물 종들의 위계를 결정하는 근거로 작용한다. 아리스토텔레스는 고등한 동물은 그보다 낮은 단계의 동물에 비해 보다 많은 열을 갖고 있다고 보았다. 이는 열이 위로 올라가는 성질이 있는 것과 연결되는

데, 열의 상승작용이 강할수록 고등한 존재로 인정받아 자연계에서 높은 위치를 차지하는 것이다.

한편 2세기에 활동한 의학자 갈레노스는 아리스토텔레스처럼 열에 따라 생물 종의 위계를 정하는 일에 관심이 없었으나 각 개체에서 타고난 열이 하는 역할에 대해서는 아리스토텔레스와 거의 의견이 같았다. 전해지지 않지만 그는 타고난 열에 대한 글을 쓰기도 했다. 갈레노스는 타고난 열이 "그 자체로 처음이자 원초적이고 타고난 것이며, 생명의 본질이자 영혼이다. 열은 스스로 움직이고 끊임없이 운동하는 존재(ousia)다"라고 규정했다.

또한 그는 타고난 열이 생명체의 생식과 생성, 성장, 소화 등 여러 생리 작용을 일으킨다고 보았다. 또 타고난 열은 갓 태어난 아기에게 가장 많고 나이가 들면서 점차 줄어들다가, 완전히 없어지면 죽음이 온다고 말한 『인간의 본질에 관하여』의 주장이나, 성장하는 아이에게는 '타고난 열'이 많고 노인에게는 적다고 한 『경구』의 진술들을 그대로 받아들였다.

그런데 갈레노스는 타고난 열이나 프네우마가 생명체를 유지하는 중요한 역할을 한다고 생각했지만 생명 자체를 문제로 삼지는 않았다. 그리고 어떤 의미에서는 생명과 같은 것으로 생각하는 프네우마에 대해서도 프네우마학파에 비해 훨씬 덜 중요하게 생각했다. 갈레노스는 생명을 힘(dynamis)이나 활동(energeia)으로 정의했으며, 살아 있는 생명체보다(논리적, 시간적으로) 앞서 존재하는 원리나 본질은 아니라고 보았다.

갈레노스의 의학은 천 년이 넘게 서양의학을 지배하며 아리스토텔레스의 자연학보다 더 후대까지 꾸준히 영향을 주었다. 실제로 16세기에 출판된 한 의학사전의 "생명(zoē, vita)"이란 항목에는 위에서 서술한 생명에 대한 갈레노스의 견해가 그대로 실려 있다. 이 사전의 설명에 따르면, 생명이란 정신과 몸의 결합이며, 이 결합은 타고난 열이 존재하는 동안 지속된다. 따라서 우리는 이 열이 지속되는 동안 살고, 열이 완전히 식으면 죽는다.[4] 즉, 열의 불꽃이 우리 몸에 존재하는 동안 생명이 유지되는 것이다.

여기서 한 가지 주목할 점은 몸이 하는 모든 기능을 만들거나 완성하는 것은 생명이 아니며(이것은 정신의 고유한 속성으로 본다), 생명을 정신에 부속된 정신의 도구(instrumentum animae)로 본다는 점이다. 이러한 입장은 생명이 곧 선천적으로 타고난 열이라는 갈레노스의 견해를 그대로 받아들이면서도 생명이 힘이며 작용이라는 그의 견해를 더욱 극단으로 밀고 나간 것이기도 하다.

또한 정신과 몸을 나누어 설명하는 구도가 등장한 것도 주목할 필요가 있는데, 이것은 이미 천 년 이상 서구 세계를 지배해온 기독교의 영향으로 보인다. 다시 말해, 이제 생명은 프네우마처럼 생명 현상을 가능하게 만드는 어떤 원리나 힘이 아니라, 정신이 지배하는 육체를 움직이는 도구일 뿐이다. 이러한 견해는 16세기 의학에서 생명을 보는 일반적인 관점이었던 것으로 보인다. 16세기의 대표적 의학자 장 페르넬Jean Fernel

(1497~1558)은 그가 쓴 『생리학』에서 정신과 생명의 관계에 대해 다음과 같이 말하고 있다. "정신은 육체의 형상이며, 정신의 작용이 생명이다. 육체의 본질은 정신이며, 육체의 고유한 기능이 생명이다."[5] 즉, 생명은 정신과 육체를 연결하는 존재로, 달리 말해 정신과 육체가 결합한 상태 그리고 결합한 상태에서만 할 수 있는 작용과 기능으로 이해되고 있다.

서양 근대 의학의 생명관

한편 과학혁명을 거치면서 일어난 물리학의 발달과 정신과 육체의 관계에 대한 데카르트의 이원론적 사상은 의학에도 큰 영향을 미쳤다. 이러한 자연과학과 철학 사조의 영향을 받아 의학에서는 의기계론자들(iatromechnists)과 의화학파(iatroche-mists)가 생겨났다. 이들은 발달한 물리학과 화학 이론을 의학에 적극 받아들였다.

특히 의기계론자들은 인간의 몸은 기계와 같으며 인간의 몸에서 일어나는 운동을 포함한 모든 생리 현상은 수학식으로 표현되는 역학 법칙으로 설명할 수 있다고 보았다. 의기계론자에 속하는 학자 가운데 특히 큰 영향을 준 사람은 헤르만 보어하브Hermann Boerhaave(1668~1738)였다. 그의 의학 이론은 18세기까지도 남아 있던 아리스토텔레스와 갈레노스의 잔재를 날려버리고, 새롭게 발전하기 시작한 역학에 근거한 최신 의학으로 등장해 유럽 여러 나라에서 많은 지지자를 얻었다.

이 이론에 따르면, 생명은 독자성 있는 존재가 아니라 유기체 운동에 뒤따르는 현상일 뿐이다.

18세기 이후 생명에 대한 의학의 관심은 생명의 본질을 탐구하는 것보다는 생명 현상 혹은 생명체와 생명이 없는 존재를 구별하는 문제에 더욱 초점을 맞추었다. 심지어 유물론자 라메트리는 생명체와 다른 물체 사이에는 아무런 차이가 없으며, 인간의 몸은 곧 기계라고 주장하기도 했다. 그러자 이러한 기계론에 반대해 생명이 있는 존재와 없는 존재를 구별하는 무언가가 있다는 주장이 의학 내부에서 정신론(animism)과 생기론(vitalism)으로 나타났다.

여기서 한 가지 주의해야 할 점은 흔히 물활론이나 정령신앙으로 번역하는 "animism"과 여기서 "정신론"으로 번역하는 "animism"은 아무런 관계가 없다는 사실이다.[6] 정신론은 데카르트적 심신이원론의 극단화로, 유물론과 정반대다. 유물론에서는 물질적 존재만을 인정하는 반면, 슈탈의 정신론은 물질 혹은 물질로 구성되는 몸의 존재는 어쩔 수 없이 인정하지만 그 자체로는 아무런 능력이 없는 완전히 수동적이며 비활성적인 존재로 본다. 반면에 정신을 인간의 모든 신체 현상과 도덕 현상의 원인으로 본다. 슈탈은 해부학적 구조와 인간의 몸을 구성하는 모든 원소들을 지배하는 물리법칙을 무시한다. 그에 따르면 모든 물질은 자발적인 힘이 없으며, 그것이 작용하기 위해서는 반드시 정신의 지배를 받아야 한다. 정신은 인간의 몸이 파괴되지 않도록 보호한다. 정신이야말로 인간의 몸에서 유일하게 활동하는 원리이기 때문에 물질로 구성된 몸 자체는 아무것도 느끼지 못하며, 운동도 할 수 없고, 능력도 없다. 이 이론은 결국 생리학에 들어온 형이상학이며 독일 관념론의 의학 판이라고 해도 지나치지 않는다.

한편 몽펠리에 의과대학을 중심으로 일어난 생기론 역시 인간의 몸이 온전히 물리학 법칙 아래에 있다는 기계론적 유물론에 대항해 일어난 이론이다. 사실 넓은 의미에서는 히포크라테스 이래로 많은 의학자들은 생기론자의 범주에 들어가지만, 여기서는 몽펠리에학파를 특히 생기론자로 규정한다. 몽펠리에 생기론을 대표하는 학자는 바르테즈P. J. Barthez(1734~1806)이다. 그는 인간의 몸에는 생명 원리(principe vitale)가 존재하며, 이것이 모든 생명 현상을 일으키는 원인이라고 보았다. 생명 원리는 또한 생명체가 하는 기능을 담당하고, 생명체가 활동하는 데 필요한 많은 운동을 일으킨다. 생명 원리는 물리학이나 화학법칙의 지배를 받지 않고 정신의 지배를 받지도 않는다. 그는 생명 원리가 물질 존재인 몸을 지배하는 역학과 사유하는 정신과 독립해서 존재한다고 보았다. 여기서 어쩔 수 없이 생명 원리가 실체인지 아니면 단순히 몸의 존재 방식인지 하는 문제가 제기된다. 데카르트주의자들은 정신과 육체라는 두 실체를 인정하지만, 유물론자들은 육체만을 인정한다. 그에 비해 바르테즈는 생명 원리를 비물질적 실체(substance immaterielle)로 본다. 바르테즈에 따르면, "생명 원리가 어떤 방식으로 존재하건, 그것은 생기를 불어넣는 몸의 원리와 별개로 존재한다. (중략) 이 원리는 타고난 능력(faculty)이며, 생명체의 몸에서 기본 법칙에 따라 몸이 하는 모든 자발적인 운동을 일으키고 지휘한다." 그리고 이 생명의 원리는 신체 구조에 아무런 이상이 없어도 파괴될 수 있는데, 그것이 곧 죽음이다. 그러나 바르테즈의 생기론은 공허한 형이상학이라는 비판을 받았다. 바르테즈는 이러한 평가에 대해 반론을 제기하기도 했다.

그런데 의학에서 '생명'이라는 말은 두 가지 의미가 있다. 하나는 생명을 유기체가 생존할 수 있게 만드는 원리로 보는 것이고, 다른 하나는 유기체가 하는 모든 기능들의 총체로 보는 것이다. 전자가 생명에 대한 형이상학적 관점을 반영하는 하는 것이라면, 후자는 생명에 대한 실증적 혹은 과학적 태도를 대변한다고 볼 수 있다. 바르테즈의 생기론은 전자의 전형적인 예이다.

한편 19세기 이후에는 생명에 대한 실증적인 견해가 점점 더 힘을 얻었다. 근대 해부병리학을 바로 세운 비샤는 그의 책 『생명과 죽음에 대한 생리학적 탐구』에서 "생명은 죽음에 저항하는 모든 기능들의 총체"라는 유명한 정의를 내렸다. 이 정의는 생명을 형이상학적 '본질'이나 '원리'가 아니라 기능의 총체라는 과학적 '현상'으로 바라보는 새로운 관점이 의학에 등장했음을 잘 보여주고 있다. 물론 생명에 대해 비샤가 내린 정의는 죽음에 대한 정의를 필요로 한다는 점, 또한 죽음은 생명에 대한 정의가 필요하다는 점에서 생명과 죽음이 서로를 규정하는 순환론에 빠지게 된다. 이러한 문제점은 이미 19세기에도 지적되었다.

비샤 자신은 생명체의 독특성과 고유성을 강조하고 있다는 점에서 생기론자로 분류되기도 하지만, 생명을 기능과 현상으로 본다는 점에서 비샤의 생명 개념은 생명을 원리로 보는 몽펠리에학파의 생명 개념과는 구별된다. 비샤는 생명체의 고유 특성은 감각을 통해 외부의 자극을 느끼는 것, 즉 감수성(sensibilité)과 스스로 움직일 수 있는 능력, 즉 수축성(contractibilité)이라고 보았다. 이러한 특성은 유기체 전체에서도 나타나지만 개개의 장기에서도 나타난다. 그 증거로 비샤는 개체의 생명이 끊어진 뒤에도 장기와 근육은 한동안 감수성과 수축성을 유지한다는 사실을 증거로 들고 있다.

이처럼 비샤는 생명현상이 물리화학 현상과 대립한다고 생각한 점에서는 슈탈이나 생기론자들과 의견이 같았다. 하지만 생명현상의 고유성과 독특성을 조직에 있는 단순한 특성에서 찾기 때문에 몽펠리에학파의 생기론에 비해 훨씬 제한된 의미를 갖고 있다. 그런 의미에서 비샤의 생명 개념은 생기론적 생명 개념에서 클로드 베르나르의 생리학적 생명 개념으로 넘어가는 중간 단계로 볼 수 있다.

비샤에 따르면, 생명은 어느 특정한 장소에 있는 것이 아니라 곳곳에 있다. 생명은 몸의 어떤 부위에 자리 잡고 있는 존재나 원리나 힘이 아니다. 그것은 조직의 모든 특성들이 함께 나누는 보편적인 교감일 뿐이다. 다만 비샤는 생기론자들이 단일한 원리로 단정했던 생명 원리를 개체의 수준이 아니라 각 조직에서 작동하는 것으로 보았다. 또한 생명체가 가진 속성은 물리적 속성과 반대라고 보았다. 즉, 생명체의 속성은 가변적이고 일시적이지만 물리적 속성은 한결같고 영원하다고 본 것이다. 그런 의미에서 근대 해부병리학의 아버지라고 부르는 비샤도 생기론의 틀을 완전히 벗어나지는 못했다.

실험의학과 베르나르의 생명관

서양의학은 19세기 후반에 들어서면서 새로운 단계에 접어들었다. 이른바 '실험의학'이라는 새로운 의학이 등장한 것이다. 실험의학의 등장은 새로운 지식탄생의 장소가 과거처럼 도서관이나 병원이 아니라 실험실이라는 것을 뜻했다. 실험의학을 대표하는 학자는 생리학자 클로드 베르나르Claude Bernard (1813~1878)이다.

생리학은 흔히 생명체의 정상 기능을 연구하는 학문으로 알려져 있으나 역사적으로 살펴보면 의미가 많이 변해왔다. 우선 16세기에 장 페르넬이 쓴 『생리학Physiologia』에 따르면, 생리학은 건강한 인간의 본질(natura)과 그가 가진 모든 능력과 기능을 설명하는 학문으로 정의한다. 또 이와 비슷한 시기에 나온 고리스의 의학사전에는 생리학을 수태한 순간부터 노년까지 인간의 보편적 본질을 연구하는 의학 분야라고 설명하고 있다. 이와 유사한 관념은 18세기까지도 이어진다. 카스텔리의 의학사전에는 생리학을 건강과 건강의 원인, 그리고 거기에 따른 증상을 본질에 따라 탐구하는 의학의 분야로 정의하고 있다.[7] 위의 세 가지 정의에서 나타난 공통점은 생리학이 인간의 본질을 다루는 학문이라는 사실이다.

생리학에 대한 이러한 정의는 19세기에 들어 큰 변화를 겪는다. 19세기 초반에 나온 대표적인 의학백과사전은 생리학을 "생명을 구성하는 현상 전체에 대한 지식을 대상으로 하는 의학 분야"로 정의하고 있다. 베르나르가 정의한 생리학도 여기서 크게 벗어나지 않는다. 베르나르는 생리학을 "생명체에서 일어나는 현상을 연구하며, 그 현상이 드러나는 물질적 조건의 결정을 목표로 하는 학문"으로 정의했다. 이제 생리학은 '본질'에 대한 학문이 아니라 생명 '현상'에 대한 학문으로 새롭게 정의된 것이다.

생리학이 이렇게 규정된 이상 생리학에서 생명의 본질을 규정하려는 시도는 환상일 뿐이다. 따라서 이제 "생리학자나 의사는 생명의 원인이나 질병의 본질을 탐구할 생각을 해서는 안 된다. 그것은 환영을 쫓아 완전히 시간을 낭비하는 일이다. 생명, 죽음, 건강, 질병 같은 말에는 어떠한 객관적 실재도 존재하지 않는다. 이들은 우리가 사용하는 언어의 표현일 뿐이다." 그러기에 의학과 생리학에서 할 일은 현상을 탐구하고, 그 현상을 일으키는 물질적 조건을 인식하며, 현상이 발현하는 법칙을 결정하는 일에 국한된다. 베르나르의 목표는 바로 생리학을 생명현상이 나타나는 조건을 탐구하는 엄밀한 과학으로 새롭게 확립하는 것이었다.

베르나르가 생명현상을 과학적으로 연구하기 위해 극복해야했던 첫째 문제는 생명현상도 다른 물리 현상과 마찬가지로 결정론의 지배를 받는다는 사실을 입증하는 것이었다. 그런데 결정론은 별로 인기가 없으며, 베르나르 자신도 결정론이란 말이 풍기는 좋지 않은 이미지를 잘 알고 있었다. 특히 결정론은 인간의 자유의지를 부정하기 때문에 도덕적 책임을 피하는 구실이라는 느낌을 준다.

그러나 베르나르가 말하는 결정론은 이와는 다르다. 베르나르가 말하는 결정론은 어떤 현상에는 그 현상을 가능하게 만든 물리적 조건이 존재한다는 뜻이다. "어떤 현상의 결정론이라고 하는 것은 결정원인, 혹은 근인近因이다. 다시 말해, 그것은 그 현상의 출현을 결정하고 그 존재 조건이 된다." 그는 사람들이 결정론을 안 좋게 보는 이유가 결정론과 숙명론(fatalism)을 혼동하기 때문이라고 했다. 숙명론은 어떤 조건의 변화와도 무관하게 특정한 결과는 필연적으로 일어난다는 주장인 반면, 결정론은 어떤 현상이 일어나기 위해서는 그에 상응하는 필요조건이 요구된다는 주장이다. 따라서 숙명론은 비결정론과 마찬가지로 과학에 반대되는 것이다. 우리가 계속 실험과 분석을 해서 어떤 현상의 기본 조건과 근인을 발견했다면 우리는 결코 더는 넘어설 수 없는 과학의 목표에 도달한 것이다.

이처럼 모든 자연현상은 결정론의 지배를 받는다는 점에서 생명현상과 일반적인 물리현상 사이에 차이는 없다. 생명체나 생명체가 아니거나 모든 현상의 존재 조건은 절대적인 방식으로 결정된다. 다시 말해, 어떤 현상을 일으키는 조건을 알았을 때, 같은 조건에서는 같은 현상이 일어나며, 조건이 달라지면 다른 현상이 일어난다는 것이다. 이것은 당연한 과학법칙이다. 그렇기 때문에 베르나르는 이러한 원리를 부정하는 생기론자들을 다음과 같이 강하게 비판했다.

"그들은 생명체가 보여주는 현상을 연구하는 것과 무생명체가 보여주는 현상을 연구하는 것은 아무런 관계도 없다고 생각한다. 그들은 모든 결정론을 초월해 자의적으로 작용하는 신비스럽고 초자연적인 영향을 생명이라고 생각한다. 그리고 그들은 생명현상을 유기적이고 물리화학적으로 결정된 조건과 연결하려고 노력하는 사람들을 모두 유물론자로 분류한다. 바로 이것이 그들이 저지른 오류다. (중략) 의학에서 생기론 혹은 다른 이름으로 부르는 이해할 수 없는 원인에 대한 믿음은 무지를 조장하고 사이비 의료를 낳는다."

베르나르는 결정론을 주장하면서도 '원인' 개념은 피했다. 왜냐하면 그가 보기에 모든 원인은 반드시 제1원인과 연결되므로 과학 영역에서 모든 형이상학적 전제를 추방하려고 한 그가 '원인'의 개념을 거부한 것은 당연하다. 그는 원인이라는 말 대신 '조건'이라는 말을 쓴다.

자연계에는 현상의 연쇄, 혹은 조건들의 연쇄만이 존재한다. 우리는 어떤 현상이 일어나기 전에 이미 존재하는 특정한 조건을 볼 뿐이다. 우리는 특정한 조건이 그에 뒤따르는 현상의 원인이라는 것을 알지 못한다. 원인은 본질에 관한 문제이므로, 현상과 원인은 존재론적으로 연결되어 있다. 따라서 그것은 과학의 범위를 넘어선다. 과학에서는 원인이라는 말을 사용해서는 안 된다는 것이 베르나르의 생각이었다. "과학에서 원인 개념은 관계나 조건이라는 개념에 자리를 양보해야 한다." 과학에서는 제1원인뿐 아니라 근인도 성립하지 않는다. 근인처럼 보이는 것도 사실은 어떤 현상이 실제로 일어나기 전에 존재하는 물질적 조건일 뿐이다.

우리는 우리 앞에 있는 사물을 보지만 그 존재의 원인이나 사물의 본성을 알 수 없다. 우리는 사물들 간의 관계만 인식할 수 있으며, 우리가 인식하는 현상은 바로 이 관계의 현상일 뿐이다.

이처럼 베르나르는 생명의 본질을 탐구하는 것을 포기하고 생리학의 역할을 생명현상을 탐구하는 것으로 한정했다. 그렇다고 해서 그가 생명의 제1원인 혹은 생명의 본질을 부인한 것은 아니었다. 다만 베르나르가 보기에 그것은 우리 인식의 한계를 초월해 있기 때문에 그것에 대해 공허한 논의를 하는 것은 의미가 없다고 보았을 뿐이다. 그에게 생명의 본질 혹은 원리는 칸트의 물자체物自體와 같이 인간 인식의 한계 저편에 있는 것이다. 따라서 베르나르는 생명의 제1원인에 대한 물음인 "왜"를 포기하고 현상에 대해 설명하는 "어떻게"에만 논의를 한정했던 것이다.

한편 생명에 관한 문제는 20세기 초반 프랑스에서 진화론과 결합해 철학 학설로 다시 나타났다. 그것은 베르그송의 창조적 진화론과 테이야르 드 샤르뎅의 신학적 진화론이다. 그런데 베르그송의 진화론과 샤르뎅의 진화론 사이에는 큰 차이가 있다. 두 사람 모두 생기론적 진화론을 주장했으나 베르그송은 목적론을 거부하는 반면, 샤르뎅은 신학적 목적론을 고수했기 때문이다.

그렇다면 20세기에 들어 생명(생명의 본질)에 관한 논의는 철학과 신학의 문제로 국한되고, 생명과학은 본질이 아닌 현상으로서 생명만을 대상으로 다루는 것일까? 그렇지는 않다. 20세기 후반 들어 시작된 분자생물학의 발전은 생명에 대한 본질과 현상의 이분법을 점차 의미가 없는 것으로 만들었다. 분자생물학 역사에 중요한 이정표를 세운 자크 모노는 1970년에 출판된 『우연과 필연』에서 생명에 대한 분자생물학의 접근이 단순히 현상 차원에 국한되지 않음을 보여주었다. 그는 생명의 본질에 관한 문제를 유기체와 비유기체를 나누는 기준이라는 전통적 방식이 아니라 '자연적 대상'과 '인공적 대상'의 구별이라는 관점에서 새롭게 제기했다. 이 새로운 분할을 통해 그는 생명체의 특성을 목적성, 자발적 형태 형성, 항속성이라는 세 가지 특성으로 규정했다. 그는 이 책에서 한 장을 할애해 생기론을 논의했다. 그는 여기서 생기론의 문제, 즉 생명현상의 특수성에 대한 문제가 베르나르의 생리학에서 이미 극복한 문제가 아니라 현대의 분자생물학에서도 여전히 중요하게 다루어야 할 중요한 과학적 과제이자 철학적 과제임을 보여주고 있다.

자크 모노는 생기론을 형이상학적 생기론과 과학적 생기론으로 나눈다. 형이상학적 생기론이란 대표적으로 베르그송의 생명철학을 가리킨다. 과학적 생기론은 물리학자들이 생명현상에 관심을 가질 때 취하는 입장이다. 물리학자들은 생명현상이 물리학의 법칙을 위반하지 않으면서도 물리학의 법칙으로는 설명할 수 없다는 사실에 무척 놀랐다. 물리학자들은 생명현상을 설명하기 위해서는 물리학 법칙 말고 또 다른 원리를 덧붙여야 한다고 생각했다.

그런데 모노는 생기론에 반대했다. 그는 생명체에게 따로 '생명의 원리'가 존재한다고 생각하지 않았다. 생명체의 고유한 성질들은 분자 상태에서 이루어지는 분자들의 자기 보존 기전으로 설명할 수 있다고 보았다. 그 중심에 '우연'이 자리 잡고 있다.

그 뒤부터 최근까지 모든 생명현상을 유전자로 설명하려고 시도한 인간게놈 프로젝트는 크게 각광을 받았다. 많은 사람들이 이 계획이 완성되면 생명의 본질을 알 수 있을 것이라고 기대했다. 그러나 결과는 우리의 기대를 크게 저버렸다. 생명체를 구성하는 기본 정보가 유전자에 들어 있는 것은 사실이지만 다양한 생명현상을 유전자 정보만으로는 결코 충분히 설명할 수 없다는 점이 분명하게 드러났기 때문이다. 그래서 생명현상을 유전자가 아니라 생체 안에 존재하는 단백질들의 상호작용 체계로 설명하려는 시도가 새롭게 이루어지고 있다. 이러한 전체론적 접근 방식이 생명의 본질과 현상을 설명하는 새로운 방식으로 자리 잡을 수 있을지는 아직 알 수 없다. 하지만 이러한 시도는 충분히 의미 있는 모험이다.

이제까지 우리는 고대에서 현대에 이르기까지 서양의학에서 생명 개념이 어떻게 변화해 왔는지 살펴보았다. 생명에 대한 다양한 견해를 한두 가지 특징으로 단순하게 말하기는 어렵다. 그러나 역사적으로 볼 때 의학은 학문의 특성상 생명의 문제를 사변적인 차원이 아니라 현실적인 차원에서 바라보는 경향이 강했다고 말할 수 있다. 물론 생기론자들처럼 사변적 철학으로 생명을 이해한 경우도 있지만, 대체로 의학자들은 생명의 문제를 우주 차원으로 확장하기보다는 개체 차원의 문제로 제한하고자 했다. 그리고 생명을 원리나 본질로 규정하기보다는 기능이나 현상으로 파악했다.

베르나르는 이러한 태도를 가장 강하게 보였다. 베르나르 이후 눈부시게 발달한 현대 의학도 생명 문제에 대한 태도에서는 베르나르를 그대로 따르고 있다. 다시 말해, 생명의 본질에 대한 사변적 물음은 과학 발달을 방해하는 것으로 보고, 현상과 기능의 관점으로 생명을 탐구했던 것이다.

그러나 이제는 생명의 본질에 대한 물음을 피할 수 없는 상황이 되었다. 오늘날 의료 현장과 의학 연구에서 제기되는 여러 가지 윤리 문제들은 '생명이 무엇인가'에 대한 본질적 물음을 더 이상 회피하지 못하게 만들고 있기 때문이다. 생명이 무엇인가라는 질문은 이제 의학이 회피해야할 사변적인 물음이 아니라 직면해야할 현실적인 물음으로 우리 앞에 등장하고 있다.

에필로그

　　일본사상사의 대부인 마루야마 마사오는 사상사 연구자의 작업을 음악 연주자의 작업에 비유한 적이 있다. 음악 연주자는 악보에 제약을 받는다. 그는 악보를 해석해서 작곡가의 정신을 재현하지만 이 경우 '객관적인' 해석이란 있을 수 없다. 연주자는 악보를 창조적으로 해석해 원곡을 재현하고 거기에 자신의 고유한 개성을 불어넣는다. 사상사가도 마찬가지다. 연주자가 악보의 제약을 받아들이듯이 사상사가는 자료가 주는 객관적인 제약과 엄밀함을 받아들여야 하며, 그러면서도 사실에 집착하지 않고 대상을 통해 상상력을 발휘할 수 있어야 한다. 이러한 사상사가의 처지를 마루야마 마사오는 "사상사가의 포부나 야심은 역사 속에 파묻히기에는 너무 거만하고, 역사를 벗어나기에는 너무 겸허하다"는 말로 표현했다.

이 책은 의학, 질병, 생명이라는 세 가지 개념을 중심으로 의학 역사에 나타난 사상사의 계기들을 정리해본 것이다. 이전에 썼던 논문들을 바탕으로 했지만[8] 적지 않은 내용을 빼거나 덧붙이며 새롭게 썼다. 제격에 맞는 의학사상사라고 하기에는 부족한 점이 많지만, 사실보다는 사상의 흐름을 보여주는 데 초점을 맞추었다는 점에서 '의학사상사'라는 이름을 붙여 보았다.

사례 중에 고대 서양의학에 대한 내용이 많은 까닭은 두 가지다. 먼저 내가 서양의학사 중에 고대 서양의학을 전공하고 있기 때문이다. 그리고 고대의학은 철학과 밀접한 관계가 있으므로 사상사의 계기들을 잘 드러내주기 때문이다.

한의학도 함께 다루려고 노력했지만 결국은 서양의학에 기울어진 책이 되고 말았다. 기회가 닿는다면 '한국의학사상사'를 쓰고 싶다.

주

1) 이 용어들을 우리말로 옮기는 것은 쉽지 않다. 영어로는 'dogmatist' 혹은 'rationalist'로 옮긴다. 그러나 우리말 '독단론자'라는 표현은 너무 강하고, '합리론자'라는 표현은 너무 약하다. '이론가' 정도가 그나마 가장 적당한 것 같다.

2) 이것은 설명할 경험학파나 방법학파처럼 특정한 학파를 가리키는 말이 아니라 이론 전제를 중요하게 생각하는 경향을 가진 다양한 학파를 전체를 부르는 말이다.

3) 헬레니즘 시대의 과학 연구 활동은 이전과는 사회적 토대가 달랐다. 이 시기에 의학을 비롯한 여러 과학이 발달할 수 있었던 것은 프톨레마이오스 왕조가 아낌없이 지지해주었기 때문이다.(G.E.R Lloyd, *Greek Science after Aristotl*, Norton, 1973, p.3.) 특히 해부학이 발달할 수 있었던 사회와 문화 배경에 대해서는 다음 논문을 참조하기 바란다.

Ludwig Edelstein, The History of anatomy in Antiquity, *Ancient Medicine*, The Johns Hopkins University Press, 1987, p.277.

Heinrich von Staden, The discovery of the body: human dissection and its cultural contexts in ancient Greece, *The Yale Journal of Biology and Medicine*, 1992, 65, pp.223~241.

4) I. Gorraeus, *Definitionum Medicarum*, Andream Wechelium, 1564, p.126.

5) J. Fernel, *La Physiologie*, Fayard, 1655(2001), p.340.

6) 사실 슈탈이 주장하는 "animism"을 물활론으로 번역하는 것은 완전한 오역이다. 왜냐하면 슈탈은 동일한 단어에 정반대의 의미를 부여하기 때문이다. 물활론은 모든 물질은 살아있으며 그 자체에 지속과 운동의 원리가 내재한다고 보는 입장이다. 그에 반해 슈탈의 "animism"은 모든 물질은 절대적으로 수동적이고 비활성적이며 오직 정신에 의해서만 작용할 수 있다고 본다.

7) B.Castelli, *Lexicon Medicum*, Fratres De Tournes, 1756, p.588.

8) 여인석, 「갈레노스의 질병개념」, 『의사학 12(1)』, 2003, pp.54-65.

여인석, 「의학에서 본 생명의 문제」, 『철학과 인접학문의 대화』, 철학과 현실사, 2004, pp.87-105.
여인석, 「철학과의 관계에서 본 의학적 합리성의 기원」, 『서양고전학연구』 25, 2006, pp.93-119.

의학사상사

펴낸날	초판 1쇄 2007년 1월 20일
	초판 3쇄 2015년 6월 4일

지은이	**여인석**
펴낸이	**심만수**
펴낸곳	**(주)살림출판사**
출판등록	1989년 11월 1일 제9-210호

주소	경기도 파주시 광인사길 30
전화	031-955-1350 팩스 031-624-1356
기획·편집	031-955-1365
홈페이지	http://www.sallimbooks.com
이메일	book@sallimbooks.com

ISBN	978-89-522-0602-2 04080

126 초끈이론 아인슈타인의 꿈을 찾아서 `eBook`

박재모(포항공대 물리학과 교수) · 현승준(연세대 물리학과 교수)

빠르게 발전하고 있는 초끈이론을 일반대중이 이해할 수 있도록 쉽게 풀어쓴 책. 중력을 성공적으로 양자화하고 모든 종류의 입자와 그들 간의 상호작용을 포함하는 모형으로 각광받고 있는 초끈이론을 설명한다. 초끈이론을 이해하기 위해 필요한 양자역학이나 일반상대론 등 현대물리학의 제 분야에 대해서도 알기 쉽게 소개한다.

125 나노 미시세계가 거시세계를 바꾼다 `eBook`

이영희(성균관대 물리학과 교수)

박테리아 크기의 1000분의 1에 해당하는 크기인 '나노'가 인간세계를 어떻게 바꿔 놓을 것인지에 대한 해답을 제시하는 책. 나노기술이란 무엇이고 나노크기의 재료들은 어떻게 만들어지는가, 나노크기의 재료들을 어떻게 조작해 새로운 기술들을 이끌어내는가, 조작을 통해 어떤 기술들을 실현하는가를 다양한 예를 통해 소개한다.

448 파이온에서 힉스 입자까지 `eBook`

이강영(경상대 물리교육과 교수)

누구나 한번쯤 '우주는 어디에서 시작됐을까?' '물질의 근본은 어디일까?'와 같은 의문을 품어본 적은 있을 것이다. 물질과 에너지의 궁극적 본질에 다가서면 다가설수록 우주의 근원을 이해하는 일도 쉬워진다고 한다. 이 책은 바로 이러한 질문들의 해답을 찾기 위해 애쓰는 물리학자들의 긴 여정을 담고 있다.

035 법의학의 세계 `eBook`

이윤성(서울대 법의학과 교수)

최근 드라마나 영화를 통해 일반인의 호기심을 자극하고 있지만 거의 알려지지 않은 법의학을 소개한 책. 법의학의 여러 분야에 대한 소개, 부검의 필요성과 절차, 사망의 원인과 종류, 사망시각 추정과 신원확인, 교통사고와 질식사 그리고 의사와 관련된 흥미로운 사건들을 통해 법의학에 대한 이해를 돕는다.

395 적정기술이란 무엇인가 `eBook`

김정태(적정기술재단 사무국장)

적정기술은 빈곤과 질병으로부터 싸우고 있는 전 세계의 사람들에게 희망을 안겨주는 따뜻한 기술이다. 이 책에서는 적정기술이 탄생하게 된 배경과 함께 적정기술의 역사, 정의, 개척자들을 소개함으로써 적정기술에 대한 기본적인 이해를 돕고 있다. 소외된 90%를 위한 기술을 통해 독자들은 세상을 바꾸는 작지만 강한 힘이란 무엇인가에 대해서 알 수 있을 것이다.

022 인체의 신비

이성주(코리아메디케어 대표)

내 자신이었으면서도 여전히 낯설었던 몸에 대한 지식을 문학, 사회학, 예술사, 철학 등을 접목시켜 이야기해 주는 책. 몸과 마음의 신비, 배에서 나는 '꼬르륵' 소리의 비밀, '키스'가 건강에 이로운 이유, 인간은 왜 언제든 '사랑'할 수 있는가에 대한 여러 학설 등 일상에서 일어나는 수수께끼를 명쾌하게 풀어 준다.

036 양자 컴퓨터 `eBook`

이순칠(한국과학기술원 물리학과 교수)

21세기 인류 문명에서 가장 중요한 요소 중의 하나로 꼽히는 양자 컴퓨터의 과학적 원리와 그 응용의 효과를 소개한 책. 물리학과 전산학 등 다양한 학문적 성과의 총합인 양자 컴퓨터에 대한 이해를 통해 미래사회의 발전상을 가늠하게 해준다. 저자는 어려운 전문용어가 아니라 일반 대중도 이해가 가능하도록 양자학을 쉽게 설명하고 있다.

214 미생물의 세계 `eBook`

이재열(경북대 생명공학부 교수)

미생물의 종류 및 미생물과 관련하여 우리 생활에서 마주칠 수 있는 여러 현상들에 대해, 알기 쉽게 풀어 설명한다. 책을 읽어나가며 독자들은 미생물들이 나름대로 형성한 그들의 세계가 인간의 그것과 다름이 없음을, 미생물도 결국은 생물이고 우리와 공생하고 있다는 사실을 알 수 있을 것이다.

375 레이첼 카슨과 침묵의 봄   eBook

김재호(소프트웨어 연구원)

『침묵의 봄』은 100명의 세계적 석학이 뽑은 '20세기를 움직인 10권의 책' 중 4위를 차지했다. 그 책의 저자인 레이첼 카슨 역시 「타임」이 뽑은 '20세기 중요인물 100명' 중 한 명이다. 과학적 분석력과 인문학적 감수성을 융합하여 20세기 후반 환경운동에 절대적 영향을 준 레이첼 카슨과 『침묵의 봄』에 대한 짧지만 알찬 안내서.

277 사상의학 바로 알기   eBook

장동민(하늘땅한의원 원장)

이 책은 사상의학이라는 단어는 알고 있지만 심리테스트 정도의 흥밋거리로 알고 있는 사람들에게 바른 상식을 알려 준다. 또한 한의학이나 사상의학을 전공하고픈 학생들의 공부에 기초적인 도움을 준다. 사상의학의 탄생과 역사에서부터 실생활에서 적용할 수 있는 간단한 사상의학의 방법들을 소개한다.

356 기술의 역사 멘석기에서 유전자 재조합까지

송성수(부산대학교 기초교육원 교수)

우리는 기술을 단순히 사물의 단계에서 생각하기 쉽다. 하지만 기술에는 인간의 삶과 사회의 배경이 녹아들어 있다. 기술의 역사를 통해 우리는 기술과 문화, 기술과 인간의 삶을 연결시켜 생각할 수 있게 될 것이다. 이 책을 읽은 후 주변에 있는 기술을 다시 보게 되면, 그 기술이 뭔가 다른 느낌으로 다가올 것이다.

319 DNA분석과 과학수사   eBook

박기원(국립과학수사연구소 연구관)

범죄수사에서 유전자분석에 대한 관심이 커지고 있지만 간단하게 참고할 만한 책은 거의 없는 실정이다. 이 책은 적은 분량이지만 가능한 모든 분야와 최근의 동향을 소개하고 있다. 특히, 내용의 이해를 돕기 위하여 서래마을 영아유기사건이나 대구지하철 참사 신원조회 등 실제 사건의 감정 사례를 소개하는 데도 많은 비중을 두었다.

과학 · 기술

(주)살림출판사
www.sallimbooks.com
주소 경기도 파주시 문발동 522-1 | 전화 031-955-1350 | 팩스 031-955-1355